手ぬいで作る可愛い
大人のスカート

遠藤リカ監修

産業編集センター

I WANT THIS SKIRT !

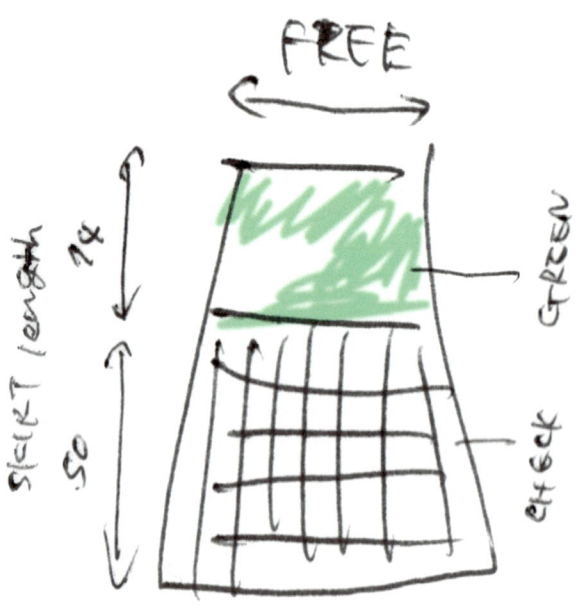

- over / yoke skirt
  +
- under / gathered skirt

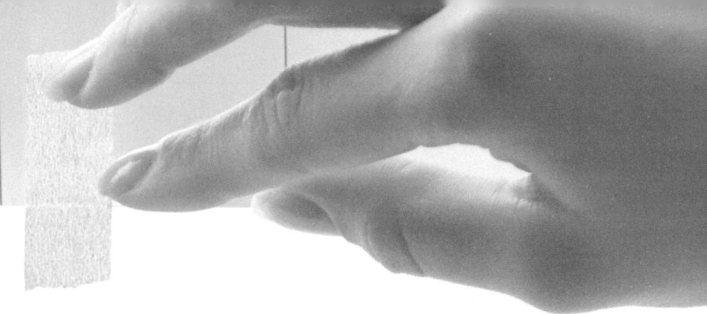

CONTENTS RECIPE

how to make

p06_	A	白のてきとうスカート	how to make p40
p08_	B	柄のシンプルスカート	how to make p50
p10_	C	異素材の切り替えスカート	how to make p52
p11_	D	ゆれるカットソーのスカート	how to make p54
p12_	E	きんちゃくみたいなロングスカート	how to make p56
p14_	F	ほどよい細さのタイトスカート	how to make p58
p15_	G	エプロンみたいな巻きスカート	how to make p60
p16_	H	赤のサーキュラースカート	how to make p44
p18_	I	夢みるチュチュスカート	how to make p62
p19_	J	大人のバルーンスカート	how to make p64
p20_	K	リバーシブルの重ねスカート	how to make p66
p22_	L	自由に着られるエスニックスカート	how to make p68
p24_	M	シルバーリボンの黒スカート	how to make p70
p25_	N	白プリーツの巻きスカート	how to make p72
p26_	O	自分で作るキルティングのスカート	how to make p74

ぬいかたの基本とテクニック

p28_ スカートを作る前に…
p30_ 必要な道具
p32_ 基本のぬいかた
p34_ 部分ぬいの工程・ポイント
p38_ その他のポイント

p40_ 作ってみましょう1
　　　「白のてきとうスカート」
p44_ 作ってみましょう2
　　　「赤のサーキュラースカート」
p48_ ペチコートの作りかた

手ぬいでスカートを作る

ウエストがきつい、丈が長い、形はいいのに色がいまいち、自分にぴったりのスカートがなかなか見つけられない……。だったら、自分で手ぬいでスカートを作ってみませんか？ この本は、型紙もいらなければ、ミシンもいらない、手ぬいでチクチクぬうだけで作れる、スカートの本です。ゴムウエストや巻きスカートなどの、体型を選ばないデザインで、複雑なぬいかたもありません。スカートのデザインは大人が日常で着られるものを目指しました。これなら、作れる気がしてきませんか？ さぁ、始めてみましょう！

白のてきとうスカート

how to make ------ p40

横幅を切らずに、パタパタとてきとうに生地を折ってから、ウエストにゴムを通しました。シンプルだけど、ちょっとおしゃれで変わっている、白のスカートです。

west-type：タックを寄せたゴムウエスト
kiji-size：160cm 幅×2m
kiji-sozai：麻（リネン）

すそには刺繍糸ステッチでアクセントを。

B

柄のシンプルスカート
how to make ------ p50

素敵な柄の生地を見つけたら、
シンプルなラインのデザインを。
柄が主役のスカートです。

west-type：ファスナーつきウエスト
kiji-size：112cm 幅×2m
kiji-sozai：綿

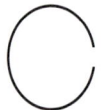

異素材の
切り替えスカート

how to make ------ p52

上下でデザインの違う切り替えスカート。
生地の素材も上と下でガラリと替えて
組み合わせを楽しみます。

west-type：スナップボタンつきウエスト
kiji-size：273cm幅×0.3m／上、108cm幅×2m／下
kiji-sozai：麻（リネン）／上、キュプラ／下

10

ゆれる タックスカート

how to make ------ p54

前面に大きなタックを入れて、生地分量を多くとったスカート。動くたびにゆれるスカートが可愛いです。

west-type：スナップボタンつきウエスト
kiji-size：185cm幅×2m
kiji-sozai：綿68% ポリエステル32%
　　　　　（ダンボールニット）

E

きんちゃくみたいな
ロングスカート

how to make ------ p56

ウエストに通したひもを、きんちゃくみたいにギュッと引いてしばります。うすい生地を使っているので、ボリュームたっぷりのギャザーも軽やかな印象に。

west-type：ひもでしばるウエスト　　kiji-size：114cm幅×2.5m／水色、150cm幅×2.5m／ストライプ　　kiji-sozai：麻（リネン）／前・後ろと

F

ほどよい細さのタイトスカート
how to make ------ p58

ピタッとし過ぎず、動きやすい、
スウェット素材のタイトスカート。
ウエストはひもで調整できます。

west-type：ひもで調整するウエスト
kiji-size：160cm幅×1m
kiji-sozai：綿（スウェット）

G

エプロンみたいな
巻きスカート
how to make ------ p60

ヒップもしっかり隠れるので、1枚でも着られます。固く張りのある素材で作っているので、やわらかい生地で作ると印象が変わります。

west-type：ひもでしばるウエスト
kiji-size：137cm 幅 ×1m
kiji-sozai：綿

H

赤のサーキュラースカート
how to make ------ p44

円の形（＝サークル）に裁断して作った
スカート。ボリュームたっぷりのすその
広がりが魅力です。

west-type：ファスナーつきウエスト
kiji-size：106cm幅×3.5m
kiji-sozai：綿（ソフトローン）

I

夢みるチュチュスカート
how to make ------ p62

一度は着てみたかったチュチュスカート。ボリュームを出し過ぎないシックなシルエットが魅力。

west-type：
リボンで結ぶウエスト／チュール
スナップボタンつきウエスト／下スカート

kiji-size：
188cm幅×3.5m／チュール
110cm幅×2m／下スカート

kiji-sozai：
ソフトチュール／チュール、
綿（ローン）／下スカート

リバーシブルの
重ねスカート
how to make ------ p66

ひらひらとゆれる薄い生地を、3枚重ねたスカートです。裏返しに着ると、重なりのない、シンプルな形のスカートになります。

Cotton gauze

Silk Chiffon

Reversible

west-type：ゴムウエスト
kiji-size：90cm 幅×3m ／上、110cm 幅×3m ／下
kiji-sozai：絹（シルクシフォン）／上、綿（ガーゼ）／下

自由に着られるエスニックスカート
how to make ------ p68

東南アジアの腰布をアレンジしたエスニック風のスカート。重ねたり、丈を変えたり、自由に楽しめます。生地を替えれば秋冬にも。

west-type：ひもでしばるウエスト
kiji-size：156cm 幅×2m／黄色、118cm 幅×2m／ストライプ
kiji-sozai：麻（リネン）／黄色、綿（モスリン）／ストライプ

M

シルバーリボンの
黒スカート

how to make ------ **p70**

シンプルな形の黒スカートに、シルバーのリボンをプリーツ風に折ってぬいつけて、モード感をプラス。

west-type：ゴムウエスト
kiji-size：140cm幅×1.5m
kiji-sozai：毛（サマーウールストレッチ）

N

白プリーツの
巻きスカート

how to make ------ p72

ストライプの生地を選べば、プリーツも簡単に折れます。巻きスカートなのでウエスト位置も調節可能です。

west-type：スナップボタンつきウエスト
kiji-size：140cm 幅 ×2m
kiji-sozai：毛（サマーウールストレッチ）

自分で作るキルティングのスカート

how to make ------ p74

中わたつきの生地とスカートにしたい生地をぬい合わせて、ステッチを繰り返せば……、オリジナルのキルティングスカートが作れます。

west-type：スナップボタンつきウエスト
kiji-size：110cm 幅×2m／表、116cm 幅×1.5m／裏
kiji-sozai：綿（サテン）／表、中わた／裏

ぬいかたの基本とテクニック

- p28 スカートを作る前に…
- p30 必要な道具
  - ・あると便利、作品によって必要な道具
- p32 基本のぬいかた
  - ・並ぬい・半返しぬい・本返しぬい・巻きかがり
  - ・まつりぬい・ぐしぬい
- p34 部分ぬいの工程・ポイント
  - ・ぬいしろの始末
  - ・コンシールファスナーのつけかた
  - ・ウエストの始末
  - ・すその始末
- p38 その他のポイント
- p40 作ってみましょう1 「白のてきとうスカート」
- p44 作ってみましょう2 「赤のサーキュラースカート」
- p48 ペチコートの作りかた

BEFORE

スカートを作る前に…

この本では、手ぬいでも上手にスカートが作れるようにいくつかの工夫をしています。

初心者さんでも大丈夫

基本のぬいかたや、ファスナーのぬいつけなど、写真つきで紹介しています。
また、必要な道具やぬいかた、工程もなるべく少なくして、難しく感じないようにしています。

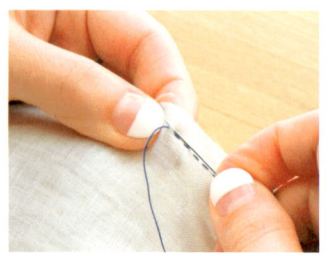

型紙は必要ありません

本来なら型紙を作ってから、生地にうつして裁断しますが、この本では生地に直接寸法を
書き込んでもOKです。裁断するパーツも少なく、スカートの形もシンプルにおさえています。

生地の耳（※）まで使います

手間にならないよう、スカートの多くは生地の横幅を切らずに、そのまま使用して作っています。裁断の回数が減り、布端がほつれてこない耳の場合はそのまま切らずに使います。

※耳：生地の布端の部分のことで、織りが違っている部分。糸端がほつれてこないよう処理されていることもある。

自分のウエスト・丈に合わせられます

複雑な型紙がないので、自分のウエストサイズや好みの丈に、サイズを合わせることも簡単です。ひもでしばるスカートなど、最初からウエストサイズがないものもあります。

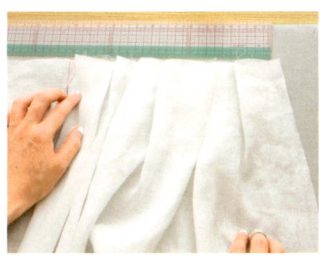 

生地選びも失敗しません

生地量の多いスカートでは、厚地の生地を選ぶと重くなり、デザインによってはスカートが下がってきます。きちんと日常で着られるよう、生地選びのポイントも紹介しています（p50～）。

ペチコートも合わせて作れます

この本のスカートにはほとんど裏地がついていません。生地選びによっては透ける場合もあるので、手ぬいで簡単にできる、ペチコートの作りかたを紹介しています（p48）。

TOOLS

必要な道具

スカートを作るのに、必要で便利な道具を紹介しています。

針
手ぬい用の針を使います。生地の厚さや固さ、糸の太さに合った針を用意しましょう。

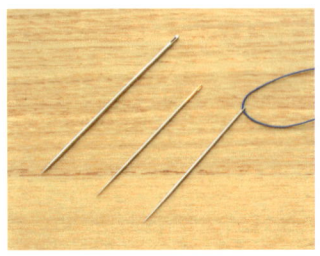

糸
生地の色に合わせて糸を選びます。手ぬい用の糸を選ぶと糸が絡みにくいです。

裁ちバサミ
生地を裁断するのに使います。切れ味の良い、洋裁用のハサミを選びましょう。

マチ針
生地を仮止めするのに使います。丈の長いスカートが多いので、多めに（20本以上）用意します。

糸切りバサミ
ぬい糸を切るために使います。裁ちバサミより小回りが利くので便利です。

目打ち
ぬい目をほどいたり、細かい作業のときに布をおさえたりして使います。持っておくと便利な道具です。

定規
長い丈が測れる定規、曲線も測れるメジャー、目盛りが見やすい方眼定規などがあると便利です。

チャコナー
定規にあてながら、細くてきれいな線が引けます。粉の色は生地に合わせて使いましょう。

指ぬき
指にはめて針を押す補助の道具として使います。厚さのある生地の場合はとくに便利です。

文鎮
寸法書きや裁断のときに、生地がずれないように上に置いて使います。重しになるもので代用も可。

アイロン、アイロン台
アイロンはスチーム機能がついているもの、アイロン台は板状のものが使いやすいでしょう。

あて布
生地に直接アイロンをあてると、生地にテカリが出る場合があるので必ずあて布を用意します。

あると便利、作品によって必要な道具

しつけ糸
生地をぬう前に、仮ぬいするのに使う仮の糸です。本ぬい後、ほどきます。

チャコペン
チャコナーと同じように使います。消えるタイプなども揃えておくと便利です。

ゴム通し
金具にはさんだり結んだりして、ウエストにゴムを通すときに使います。

ゴム
ウエストに通すゴムです。太さや固さなど、よく選んで買いましょう。

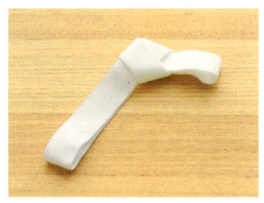

バイアステープ
本書ではウエストの始末をするのに、布端をくるんで縁取りして使います。

接着テープ
生地の補強や伸び止めのために、アイロンで接着して使います。

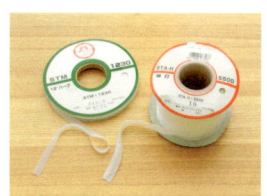

接着芯
アイロンで接着し、張りと補強のために使います。生地に合わせて選びます。

コンシールファスナー
ウエストのあき（※）にぬいつけます。本書ではコンシールファスナーを使います。

スナップボタン
薄い生地が多いので、糸でぬいつける金属製のタイプが良いでしょう。

スプリングホック
ファスナーの上に糸でぬいつけ、ウエストのあきがひらくのを防ぎます。

ピンキングバサミ
切り口がギザギザになり、デザインとしても、ほつれ止めとしての効果もあります。

※あき：スカートをはくために必要なウエストのひらき部分のこと。

BASIC

基本のぬいかた

ぬう位置や、目的によってぬいかたを使い分けます。

並ぬい：もっとも基本のぬいかた。力のかからない部分や、ステッチ（※）など。

ぬい始めは、ひと針ぬってから、かならず返しぬいします。ひと目につき3mmほどのぬい目が目安です。

4～5目ほど針を通してから引き抜きます。これを繰り返していきます。

途中で生地がよれないよう、指の腹で糸をしごいて伸ばしながら進めます。最後は返しぬいをして糸を結びます。

半返しぬい：半分ずつ目を返しながらぬいます。並ぬいより強力です。

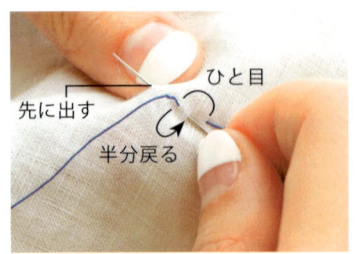  

ひと針ぬった後、ぬい目の半分の位置に戻り、そこからまた2針目をひと針目の先に出します。

半分ずつ目を返しながらぬい進めます。

表から見ると並ぬいと変わらず、裏から見ると左右でぬい目が重なっています。

本返しぬい：元のぬい目を全部返しながらぬいます。もっとも強力なぬいかたです。

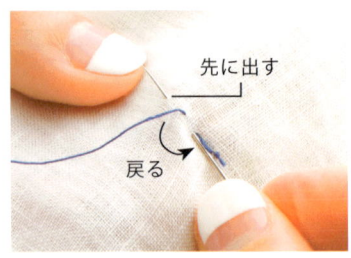  

ひと針ぬった後、元のぬい目まで戻り、そこからまた2針目をひと針目の先に出します。

元のぬい目まで戻りながらぬい進めます。

表から見るとぬい目がつながって見え、裏から見るとぬい目が半目ずつ重なっています。

※ステッチ：ぬい目のこと。ここではデザインとして、表に見せる飾りのぬい目を指します。

巻きかがり ：ロックミシンがわりに、ぬい合わせたぬいしろをかがります。

ぬい合わせた2枚の布のぬいしろを合わせて、裏から針を刺し、3mmほど間隔をあけてまた裏から針を刺します。

ななめに糸が巻いているようなぬい目になります。ぬいしろを合わせ、布端の糸がほつれるのも防ぎます。

「ほどよい細さのタイトスカート」（p14）での巻きかがり例。

まつりぬい ：すそのぬいしろ始末でぬうことが多く、表からぬい目が見えないぬいかたです。

 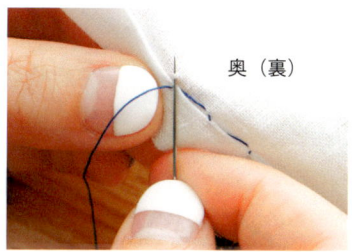 

奥の布の繊維を2〜3本すくい、1cmほど先の、手前の布の折り山から針を出します。

またすぐ後ろの、奥の布の繊維をすくい、これを続けます。奥の布の表からはぬい目は見えません。

「白プリーツの巻きスカート」（p25）でのまつりぬい例。

ぐしぬい（ギャザーを寄せる） ：細かくぬってから、糸を引くことで細かいギャザーができます。

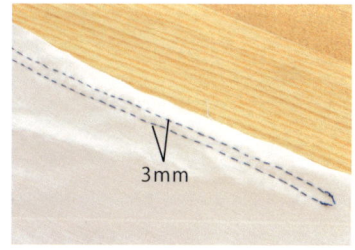  

2〜3mmのぬい目でぬった並ぬいを、3mmほどの間をあけて2本ぬいます。糸のぬい終わりは結ばずに残します。

残しておいた糸のぬい終わり2本を、同時に引きます。

ギャザーを寄せると布幅が短くなります。決めた寸法の布幅になるまで糸を引きます。

2本の糸端をまとめて結んでおきます。

指でギャザーのひだをずらすようにして、布幅でひだが均等になるように調整します。

「異素材の切り替えスカート」（p10）でのぐしぬい例。

33

APPLICATION

部分ぬいの工程・ポイント

ぬいしろやファスナーつけなどの部分をぬう工程やポイントを紹介します。

ぬいしろの始末 ：2枚の生地をぬい合わせたあとの、ぬいしろのまとめかた。

《 布端をかがる 》→糸がほつれないように布端をぬっておきます。

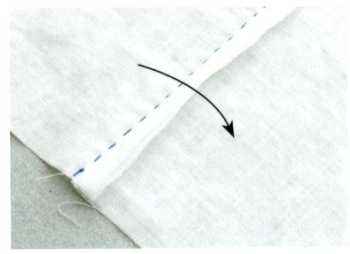 → 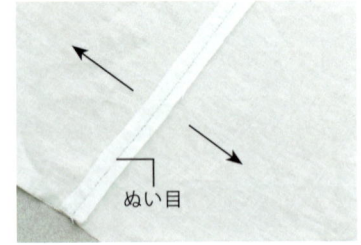 →

ぬい合わせたぬいしろは、倒すか、割るかのどちらかにします。写真はアイロンで片方に倒したもの（基本は後ろ身頃側に倒す）。

ぬいしろを割る場合は、ぬい目を中心にして、ぬいしろの左右をアイロンで開くようにします。

ぬいしろを割るか、倒すかした後で、巻きかがり（p33）して、糸端のほつれを防ぎます（写真は片方に倒している場合）。

《 袋ぬいをする 》→袋状にぬい合わせて、ぬいしろを隠してしまう方法です。

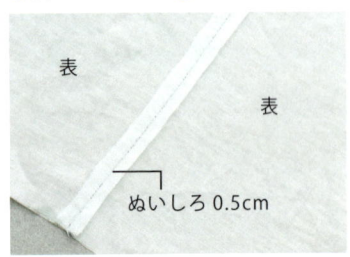 → 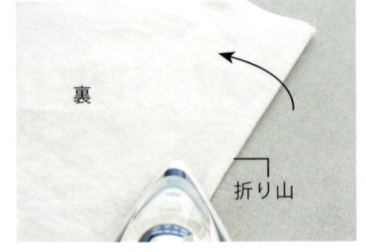 →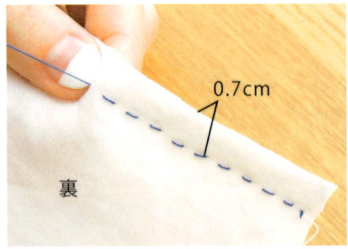

外表にして0.5cmの位置を並ぬい（p32）でぬい合わせて、アイロンでぬいしろを割ります。

ぬい目を中心にして、中表にして生地を折り合わせます。折り山からぬい目がずれないよう注意してアイロンでおさえます。

中のぬいしろをぬわないように、折り山から0.7cmの位置を半返しぬい（p32）でぬい合わせます。袋状になり、ぬいしろが隠れました。

 → 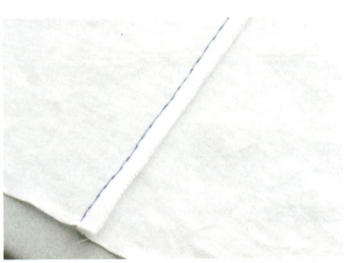 →

生地の表を上にして、ぬい目を開くようにアイロンでおさえます。ぬいしろは身頃の後ろ側に向かって倒しておきます。

生地の裏から見た袋ぬいの完成。袋状になっているので糸端がほつれるのも防ぎます。

「自由に着られるエスニックスカート」（p22）での袋ぬい例。

《 二つ折りしてぬう 》→糸端がほつれにくい生地にはこの方法が簡単です。

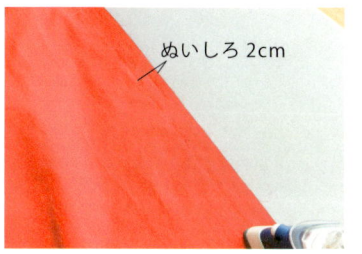

ぬいしろをいつもの倍とり（1cmの場合は2cmのぬいしろにする）、生地をぬい合わせます。アイロンをかけてぬい目をおさえておきます。

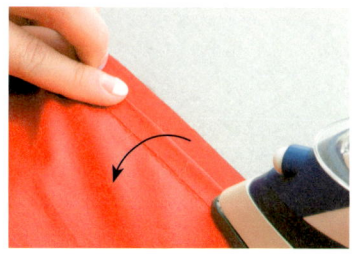

ぬいしろを外側に二つ折りし、アイロンでおさえます。

折った布端はぬい目より外側に合わせ、後からぬいしろを割りやすいようにします。

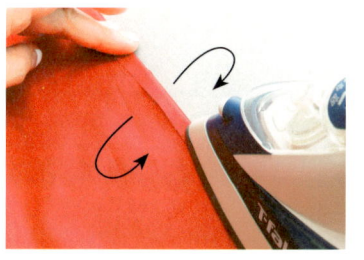

もう片方のぬいしろも反対側に同様に折り、アイロンでおさえます。

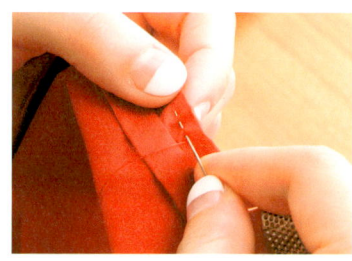

2つ折りしたぬいしろの中心を並ぬいでぬい、それぞれぬい合わせておきます。

両方のぬいしろをぬったら、アイロンでぬいしろを割っておきます。糸端のほつれが気になるときは、巻きかがりをしてもOK。

コンシールファスナーのつけかた ：表から見たときにファスナーが目立ちません。

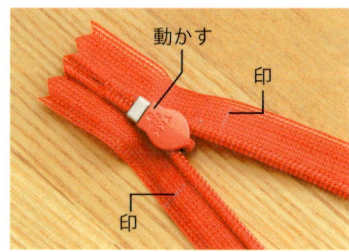

ファスナーをつける身頃のあき（※）の長さを測り、ファスナーに印をつけます。ファスナー下の止め具を、印より下位置に手で動かします。

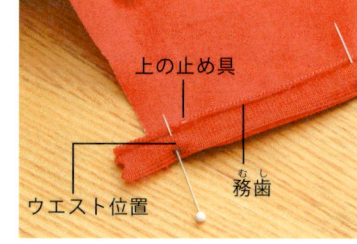

ぬいしろの折り山と務歯（※）のつけ根を合わせてマチ針でとめます。上の止め具は、ウエスト位置より0.5cmほど下にくるようにします。

上下、中心、の順番にマチ針でとめ、生地とファスナーをきっちり合わせます。

務歯のつけ根側から本返しぬい（p32）でぬいます。ぬい目はぬいしろ側に出し、身頃の表からは見えないようにします。

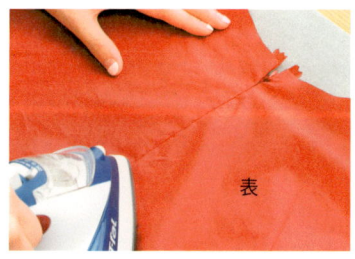

ぬい終わったらファスナーを閉じ、アイロンで表からおさえます。身頃がぴったりと合い、ファスナーが見えないのがきれいな仕上がりです。

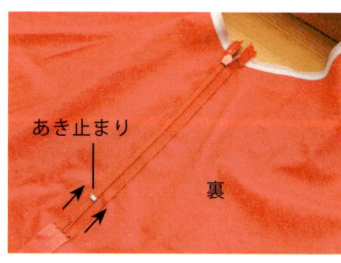

裏に返し、ファスナーの下の止め具を、印をつけたあき止まりの位置まで合わせます。

※あき：スカートをはくために必要なウエストのひらき部分のこと。　※務歯：ファスナーがかみあう金具の部分。＝エレメント

ウエストの始末 ：ゴムやテープ、あきみせなど、いろいろな仕様があります。

《 ゴムウエスト 》→ウエストに輪を作り、ゴム通し口からゴムを通します。

ゴムを通すには輪が必要です。「白のてきとうスカート」（p6）ではベルト状の輪を作ってぬいつけました。裏側にゴム通し穴も作っておきます。

ゴム通しにゴムをつけます。ゴムの長さはウエスト−5cmが目安ですが、ゴムの固さや太さによって、キツくならないよう調整します。

ぬわずにあけておいた、ゴム通し口からゴム通しを差し入れます。

ゴム通しから手を離さず、ウエストの布をずらすようにして、ゴムを一周通します。

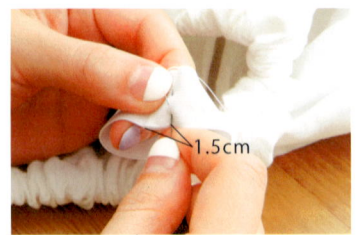
ゴムの端と端を1.5cmほど重ね合わせ、本返しぬいを2本重ねてぬいとめます。

ゴム通し口をぬい閉じてから、生地が均等になるよう、左右を引っぱるようにして整えます。

《 バイアステープ 》→テープでくるむようにウエストを縁取りします。

バイアステープは中心に向かって2つ折りされている、両折れタイプを使います。

ぬいしろ1cmをつけて、バイアステープを片方開き、ウエストの仕上がり線と折り山の線を中表で重ね、並ぬいでぬい合わせます。

一周ぬい終わったら、ぬい合わせたぬい目から裏に返します。

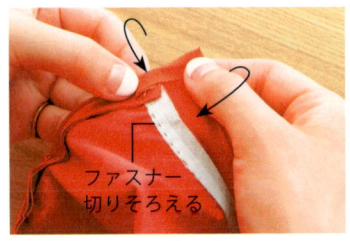
ぬいしろ1cmを中に折りこみ、端をきれいにたたみます。ファスナーがある場合は、余分な長さを切りそろえて、一緒にたたみます。

表からバイアステープの際を並ぬいでぬいます。裏側のバイアステープから、ぬい目が身頃側に落ちないよう確認しながら進めます。

バイアステープの端は、折りたたんだ部分が見えないよう、針で中に入れ込むようにして、きれいにかがります。

※あき：スカートをはくために必要なウエストのひらき部分のこと。
※見返し：ぬい合わせることで、布端をきれいに隠す裏側のパーツのこと。

《 あき＋見返し 》

「柄のシンプルスカート」（p8）のあき（※）＋見返し（※）例。見返しをつけることで、ウエストの布端を隠し、きれいに仕上げることができます。

《 ヨーク＋持ち出し 》

「異素材の切り替えスカート」（p10）のヨーク（※）＋持ち出し（※）例。ヨークを重ねるようにして、持ち出しを作り、ウエストのあきを閉じます。

《 ベルト 》

「ほどよい細さのタイトスカート」（p14）のベルト例。ゴムやひもを通してウエストをしぼる目的でつけたり、デザインとしてつけます。

すその始末 ：生地の厚さやデザインによって、すそのぬいしろの始末を変えます。

《 ステッチ 》→ぬい目を見せることで、デザインのひとつにもなります。

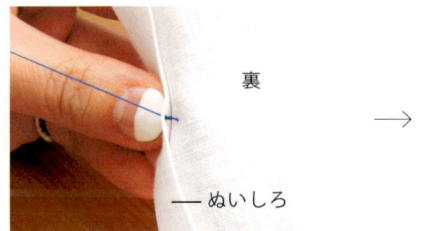

ぬい始めは、三つ折りしたぬいしろの裏から針をとおすようにします。

ぬいしろの折り山から1～2mm下を並ぬいでぬいます。生地に厚みがある場合は、布が寄ってしまう場合もあるので気をつけましょう。

表からぬい目が見えます。生地に厚みがある場合は、ぬいしろをまつり、表から生地の表面をすくうように並ぬいをしてもOKです。

ステッチの幅は自由です。デザインに合わせて決めましょう。

「白のてきとうスカート」（p6）のステッチ例。刺繍糸でステッチをしています。

「エプロンみたいな巻きスカート」（p15）のステッチ例。本返しぬいでステッチをしています。ぬい目がミシン目のようになります。

《 まつりぬい 》

「白プリーツの巻きスカート」（p25）のまつりぬい例。ぬいしろを三つ折りして折り山をまつっています。

《 裁ち切り 》

「ゆれるタックスカート」（p11）の裁ち切り例。布端がほつれてこない布は切りっぱなしにしておくこともできます。

《 ピンキング 》

「夢みるチュチュスカート」（p18）のピンキングバサミを使った例。ギザギザの切り口は布端のほつれを防ぎ、デザインのポイントにも。

※ヨーク：切り替えや装飾のために用いるパーツのことで、スカートではウエストから腰骨の位置に作ることが多い。
※持ち出し：ウエストのあきを閉じるため、あきが重なるようになっている下側にくるパーツのこと。

OTHER POINTS

その他のポイント

裁断や寸法書きなどの細かいポイントを紹介します。

《 生地の地の目 》→地の目をなるべくまっすぐにしてからぬい始めましょう。

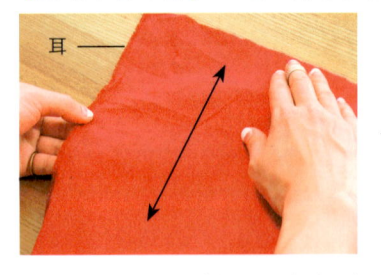

裁断する前に、まず地の目（※）が縦にまっすぐになっているかを確認してみましょう。生地の耳に対して平行になっていればOKです。

まっすぐになっていない場合は、アイロンをかけながら手でひっぱるようにして、まっすぐになるよう調整します。

スウェットなどの織り目がゆがみやすい生地は、一度洗って水通ししておくと生地が縮み、地の目がしまります。

《 生地の表と裏 》→生地には表と裏があります。

耳にポツポツと穴が開いている場合、穴が押し出されているほうが表、穴を押しているほうが裏というのが一般的な見かたです。

裏を表として使ってもOKですが、生地の色や柄の見えかたが違うことがあるので、どちらかに合わせましょう。

《 生地の耳 》

生地の両端の部分を耳（※）といい、耳がつれている場合は切り込みを入れておくとなじみます。つれていない場合は、布端として使えます。

《 寸法を書き込むときは 》

寸法書き、裁断は生地を2枚合わせてすることが多いので、ずれないように生地の端をマチ針でとめておきます。

文鎮などの重いものを置いて、生地がずれるのを防ぎます。

《 柄合わせ 》

身頃とポケットの柄を合わせる

「エプロンみたいな巻きスカート」（p15）のポケットと身頃の柄合わせ例。寸法書き、裁断前に仕上がりの柄の位置も考えましょう。

※地の目：生地の耳に対して、縦横に織られている布目の方向のこと。
※耳：生地の布端の部分のことで、織りが違っている部分。糸端がほつれてこないよう処理されていることもある。

〈 ハサミの切り方 〉

生地をあまり持ち上げないように手で持ち、ハサミを机につけるようにして切り進めます。

重ねている生地がずれないよう、手でおさえながら丁寧に切りましょう。

〈 糸による合い印 〉

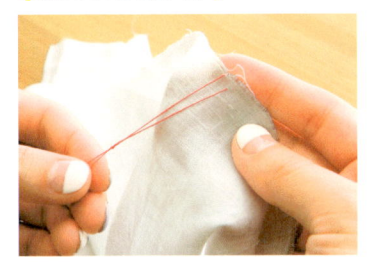

色チャコが消えにくい、白い生地や薄い生地などの場合は、糸をひと針刺してから結んでおく方法の合い印（※）のつけかたが良いでしょう。

〈 マチ針の刺しかた 〉

ぬう位置

ぬう位置に対して、縦に針を刺します。長い幅をぬうときは、10cm間隔ぐらいで生地がずれないようにとめておきましょう。

〈 しつけぬいのしかた 〉

布をおさえるように、大きく並ぬいします。仮ぬいなので、細かくぬうと、あとでほどくのが大変になります。

〈 伸び止めテープの貼りかた 〉

接着面を下にして、低めの温度のアイロンを軽くあてながら、つけていきます。

カーブしているところに貼る場合は、テープを少し引っぱるようにして、アイロンをあてながら少しずつ合わせていきます。

〈 スナップボタンのつけかた 〉

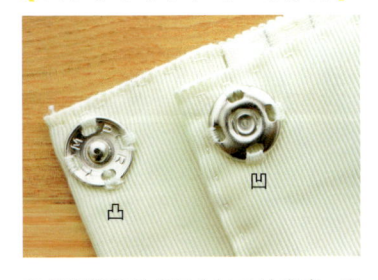

凸　凹

あきを閉じるのにぬいつけます。凹があるパーツをあきのひらくほうにつけ、凸があるパーツを身頃側につけます。

〈 スプリングホックのつけかた 〉

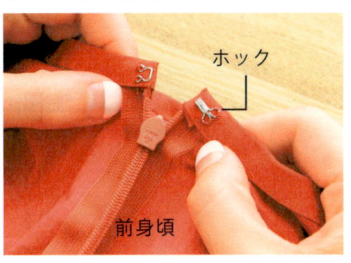

ホック　前身頃

ファスナーがひらいてこないよう、ファスナーの上に裏からぬいつけておきます。ホックになっているほうを前身頃側にぬいつけるようにします。

> では、実際に作ってみましょう！
> 次のページからは
> 「白のてきとうスカート」(p6)
> 「赤のサーキュラースカート」(p16)
> の作りかたを写真で紹介しています。

※合い印：ぬい合わせる生地につけ、ずれないように合わせる印のこと。

作ってみましょう1

A

白のてきとうスカート
→ p06

生地幅のまま適当に折ってタックをとり、
自分のサイズに合わせます。
ベルトをつけてゴムを通せば、
すてきなタックスカートのできあがり。

west-type：タックを寄せたゴムウエスト
kiji-sozai：麻（リネン）

生地選びのポイント

生地が折りにくいような、固い、厚い生地じゃないかぎり、生地を選ばないスカートです。写真のような軽やかな印象にする場合は、薄いリネンの生地がおすすめです。

材料

布／160cm 幅× 2m
ゴム／2cm 幅×（ウエスト−5cm）
刺しゅう糸／シルバー

仕上がり寸法

丈：70cm

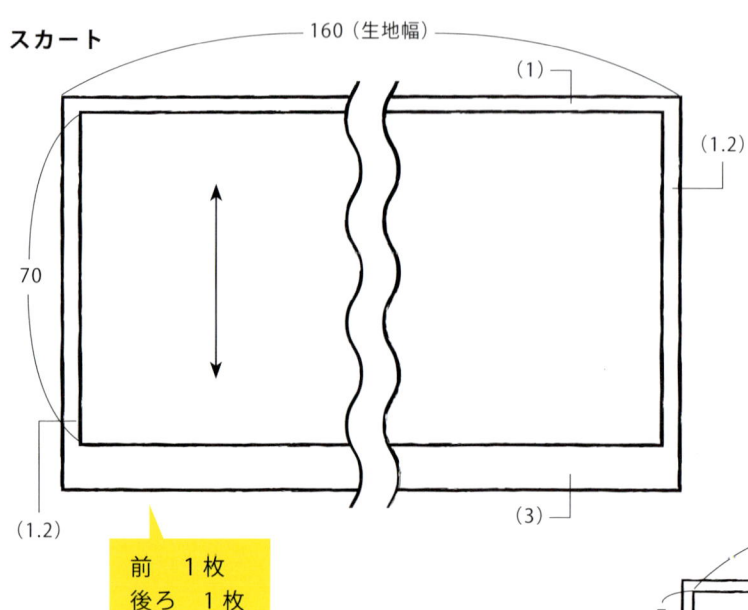

●寸法

スカート
160（生地幅）
(1)
(1.2)
70
(1.2)
(3)

前　1枚
後ろ　1枚

※耳がほつれない場合は布端として使えます。
※数字の単位はすべてcmです。
※（ ）内はぬいしろの寸法です。

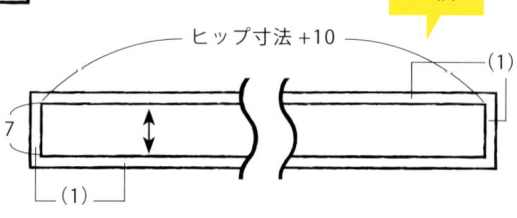

ベルト　1枚
ヒップ寸法 +10
(1)
7
(1)

40

1 寸法を測って裁断する

耳が布端として
使える場合は残す

寸法を測り、生地を裁断する（生地幅160cm×ぬいしろ含む74cmを2枚）。仕上がりの丈を変更したい場合は、裁断する長さを変えましょう。

2 生地の中心に合い印をつける

裁断した生地の横幅の中心に、合い印（※）（p39）をつけておく（生地2枚とも）。

3 すそを三つ折りする

裏
すそ

先に、アイロンを使って、すそを1cm、2cmの順で三つ折りしておく（生地2枚とも）。

4 ベルトを裁断してアイロンで折る

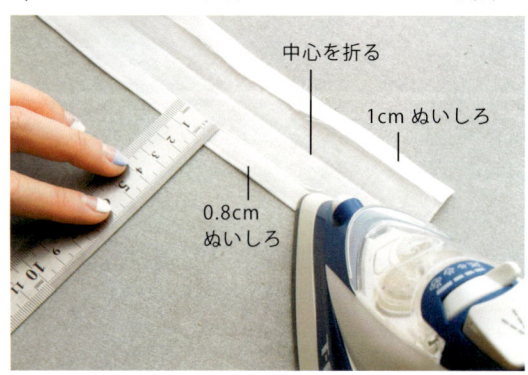

中心を折る
1cm ぬいしろ
0.8cm ぬいしろ

着る人のヒップ寸法＋10cm（ゆとり分）に合わせて、ベルトの寸法を測り裁断する。横中心をアイロンで折ってから、上下のぬいしろを1cm、0.8cm（残りの0.2cmは身頃にする）で折る。

5 タックを折る

ウエスト
表

生地の表から、ウエストの位置にタック（※）をとる。倒す方向や、分量などは自由に折る（生地2枚とも）。

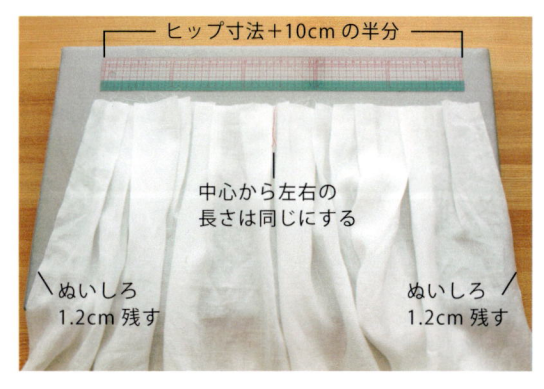

ヒップ寸法＋10cmの半分
中心から左右の
長さは同じにする
ぬいしろ 1.2cm残す
ぬいしろ 1.2cm残す

タックを折って、1枚の生地の幅がヒップ寸法＋10cmの半分の長さになるようにする。左右のぬいしろ1.2cmは折らないで残し、ヒップ寸法にも入れない。

※合い印：ぬい合わせる生地につけ、ずれないように合わせる印のこと。　※タック：布の余りを折りたたんでいる部分のこと。

41

6 マチ針でとめてしつけをする

タックの位置が決まったら、折り重なっている部分すべてをマチ針でとめ、タックを固定する（生地2枚とも）。

ぬいしろ1cmより内側の位置

ウエストのぬいしろ1cmより内側の位置で、しつけぬい（p39）をして、タックをしっかり固定する（生地2枚とも）。

7 ベルトを輪にする

ぬいしろ割る
両端をぬい合わせる

ベルトの両端のぬいしろ1cmを中表で重ね、半返しぬい（p32）でぬい合わせて輪にする。アイロンでぬいしろを割る。

8 脇をぬい合わせる

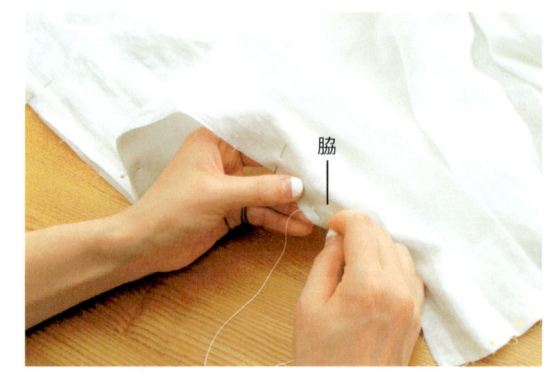

脇

2枚の生地を外表で重ね、両脇を袋ぬい（0.5cmで並ぬい、0.7cmで半返しぬい）（p34）でぬい合わせる。

9 ベルトをぬいつける

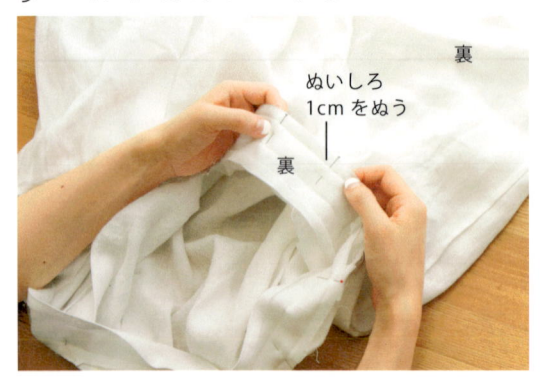

裏
ぬいしろ1cmをぬう
裏

身頃とベルトのぬいしろ1cmのほうを中表で重ね、ベルトのぬい合わせの線と、左の脇位置線を合わせる。マチ針で一周とめてから、半返しぬい（p32）でぬう。

裏

6でぬったしつけをほどき、中心から折ってベルトを裏側に倒す。ベルトがずれないようマチ針で一周とめる。

折り山下の
際をぬう

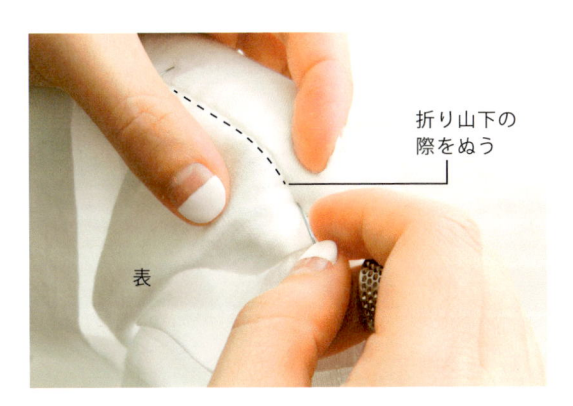

表から、ベルトの折り山の下を細かく並ぬい（p32）する。
裏のベルトの折り山をぬいつけるので、ぬい目が落ちな
いよう裏も確認しながらぬう。左右どちらかの脇を、
3cmほどぬわないでゴムの通し口にする。

ベルトつけの完成。

10 ゴムを通す

ベルト通し口

6で作った、ゴムの通し口からゴムを通す（p36）。

ゴムを通し終えたら、ゴム通し口をぬい閉じる。

11 すそをぬう

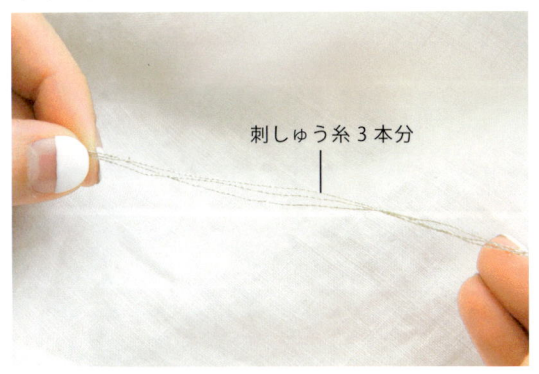

刺しゅう糸3本分

今回は刺しゅう糸のよりをほどき、3本を使ってすそを
表からぬう（糸の太さは好み）。

大きめの並ぬいステッチ（p37）ですそをぬい、完成。

作ってみましょう2

赤のサーキュラースカート
→ p16

半円の生地を2枚裁断し、ぬい合わせて円形（サーキュラー）にしたスカート。あきにはファスナーをぬいつけ、ウエスト一周をバイアステープで縁取りしています。

west-type：ファスナーつきウエスト
kiji-sozai：綿（ソフトローン）

生地選びのポイント

生地の厚みや張りによってすそのひだの雰囲気が変わります。すその分量が多いので、重くなり過ぎてスカートが下がってこないよう、生地の厚さ・重さに注意しましょう。

材料

布／106cm 幅×3.5m
バイアステープ／ウエスト寸法＋（ゆとり分 4cm＋ぬいしろ 4cm）
寸法書き用の糸（タコ糸など）／80cm 以上
コンシールファスナー／赤×22cm

仕上がり寸法

丈：67cm

●寸法

スカート

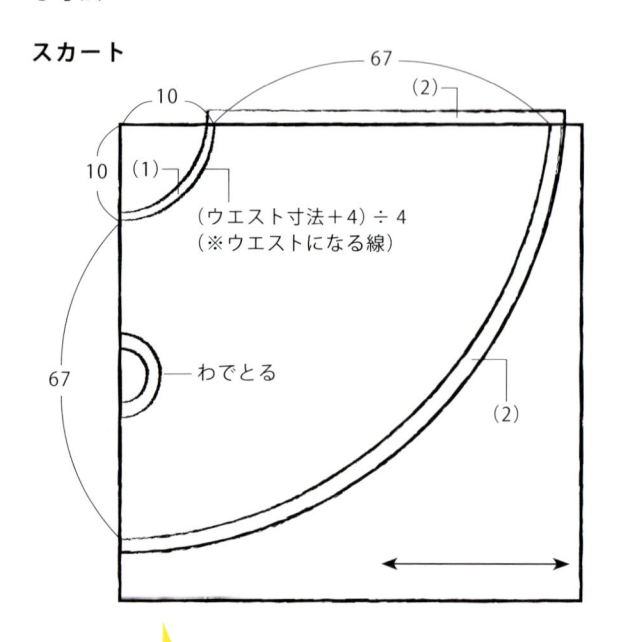

- 67
- 10
- (2)
- 10　(1)
- （ウエスト寸法＋4）÷4
- （※ウエストになる線）
- 67
- わでとる
- (2)
- 前　1枚
- 後ろ　1枚

※これを裁断すると、半円の前・後ろ身頃がそれぞれとれます。

ウエストの拡大図

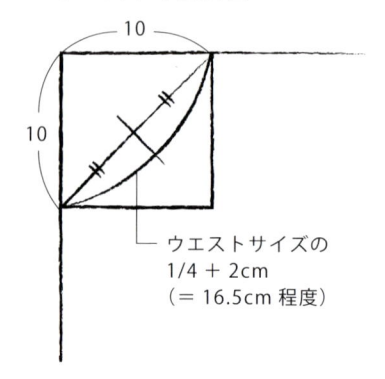

- 10
- 10
- ウエストサイズの 1/4 ＋ 2cm
- （＝ 16.5cm 程度）

※耳がほつれない場合は布端も使えます。
※数字の単位はすべて cm です。
※（ ）内はぬいしろの寸法です。

1 生地を折って、寸法を書き込む

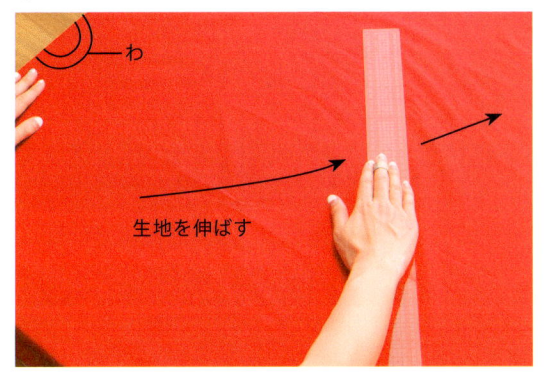

左の寸法どおりに作る場合は、長さ80cmで生地を折り、わ（※）にしておく。定規などで生地をよく伸ばし、ずれないように端をマチ針でとめ、文鎮を置いて固定する。

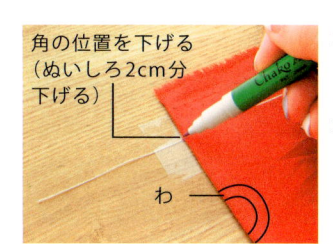

生地をわにした角のほうに、テープで糸（タコ糸など）をとめ、先端がずれてもわかるように印をつけておく。

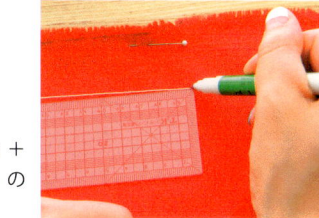

糸を伸ばし、10cm＋67cm（スカート丈）の長さに印をつける。

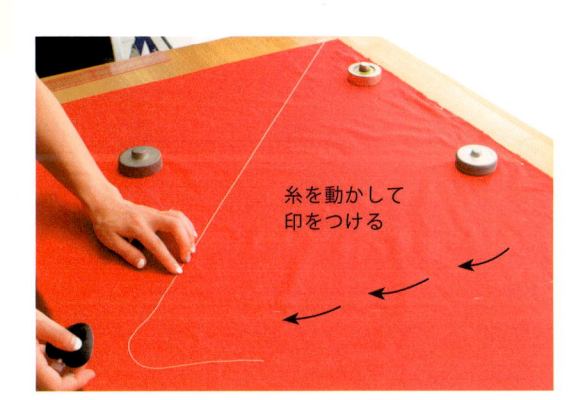

固定した糸が抜けないように注意しながら動かし、スカート丈の印をつけていく。

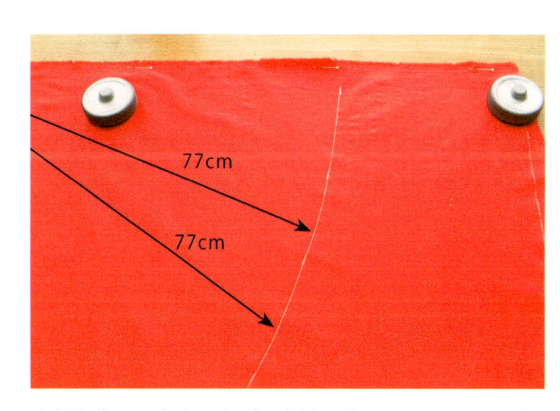

定規を使って印をつなげ、曲線にする。円の1/4の形になり、スカートのすそのラインになる。

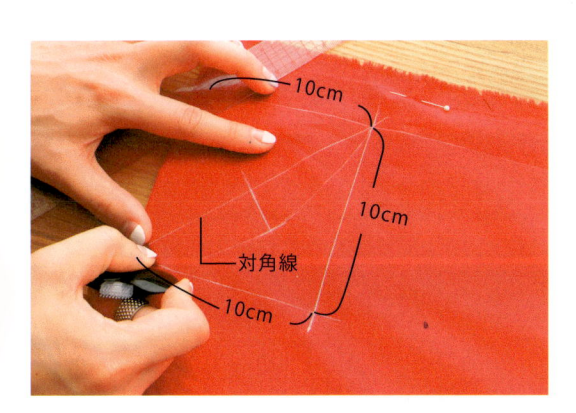

角の位置を中心として、ウエストのラインを書き入れる。中心から10cmの正方形を書き、対角線を引く。

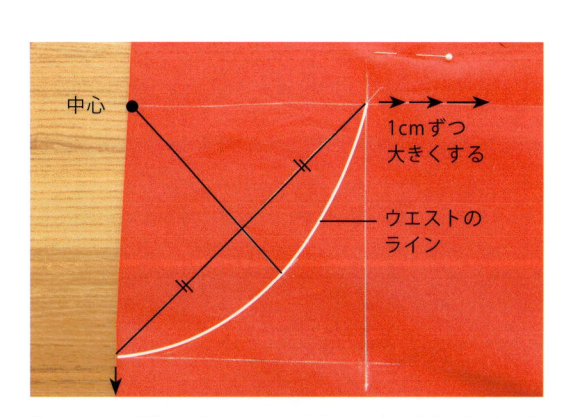

（ウエスト寸法＋4）÷4の長さを、定規で測りながら書き入れる。対角線の半分の位置の直角線上に、一番深いカーブがくるように書く。なだらかな曲線にならない場合は、10cmの正方形を大きくして書き直す。

※わ：布を折ったときの折り山のこと。布を折って裁断することを「わでとる」という。

2 ぬいしろ線をつけて裁断する

定規で2cmの位置をあてながら、線を引いていき、すそと脇に2cmのぬいしろをつける（方眼定規の目盛りを使わない方法）。線にそって裁断する（ウエストにぬいしろはつけない）。

3 あきどまりの印をつける

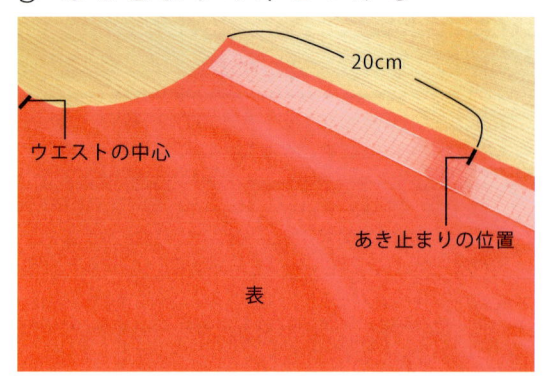

生地のわを開き、表からウエストの中心に印をつける。また、ファスナーをぬいつけるので、表から見て左脇に20cmのあき止まり位置を印つけておく。

4 伸び止めテープをつける

ウエストのラインに伸び止めテープを貼る。今回はウエストが伸びないように端打ち（※）という、より強力なテープを使用する。

5 すそを三つ折りする

アイロンですそを三つ折りしておく。これまでの工程を前・後ろ身頃で1枚ずつ、合わせて2枚作っておく。

6 脇をぬう

2枚の生地を中表に重ねて、脇を並ぬい（p32）でぬい合わせる。ぬいしろは、アイロンで二つ折りしてから並ぬいしておく（p35）。

アイロンでおさえてぬいしろを割る。左脇のあき止まりの印をつけた位置からウエストまではぬわずにあけておき、あき止まり位置は返しぬいをしておく。

※端打ちテープ：テープの上端に、細いテープがぬいつけられている、より強力な伸び止めテープ。

7 すそをぬう

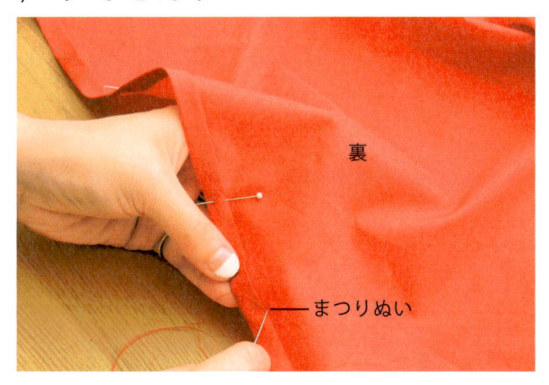

裏

まつりぬい

三つ折りしておいたすそをマチ針でとめ、まつりぬい（p33）で一周ぬう。

8 ファスナーをつける

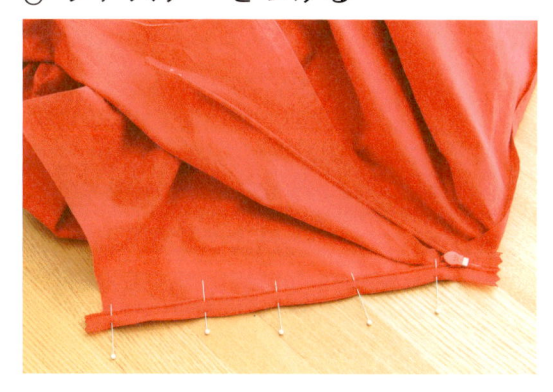

左脇のあきにファスナーをぬいつける（p35）。

ぬいしろ1cm

表

ウエストに1cmぬいしろがあるので、ファスナーの上の止め具と仕上がり線の位置を間違えないようにする。表から見てファスナーが見えないように仕上げ、アイロンでおさえてととのえる。

9 バイアステープをぬいつける

右脇

中心

左脇

ウエストに縁取りしてぬいつけるバイアステープを用意する。左右にぬいしろ1cmをとり（左脇の位置になる）、前中心、右脇、後ろ中心、と寸法（ウエスト寸法＋1cm）に合わせて印をつけておく。

中表で重ねて印を合わせる

バイアステープの印とウエストの位置を合わせて、一周マチ針でとめてからぬい合わせて縁取りする（p36）。

10 スプリングホックをつける

左脇

縁取りした左脇のファスナー上、バイアステープにぬいつけるようにしてスプリングホックをつけて、完成。

47

PETTICOAT

ペチコートの作りかた

薄くて透けるスカートの場合は、中にペチコートをはけば安心です。手ぬいで簡単にできるペチコートの作りかたを紹介します。

west-type：ゴムエウスト
kiji-sozai：ポリエステル

生地選びのポイント

動きやすいようにすべりが良く、静電気も起きにくい裏地用の生地を選びます。スカートの色に合わせて同系色の目立たない色にします。

材料

布／124cm 幅× 1.5m
ゴム／1cm 幅×（ウエスト-5cm）

仕上がり寸法

丈：30cm

●寸法

124（生地幅）
60
(2.2)
(2)

前　1枚
後ろ　1枚

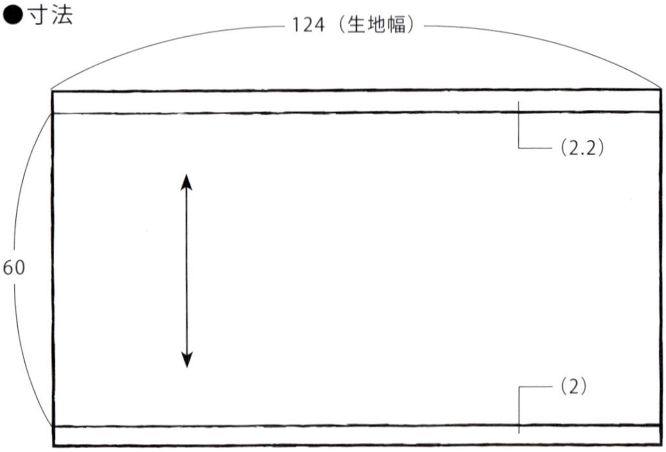

※今回は耳を布端として使っています。
※数字の単位はすべて cm です。
※（ ）内はぬいしろの寸法です。

作りかた

1. 左の寸法を印づけてから、生地を裁断する。生地幅のまま使用するので耳は残す。

2. すそとウエストをアイロンで3つ折りにする。ウエストは1cm、1.2cmの順で折る。

3. 前・後ろ身頃の脇を半返しぬい（p32）でぬい合わせ、ぬいしろを割る。

4. すそを並ぬい（p32）で一周ぬう。

5. ウエストを並ぬい（p32）でぬう。左右どちらかの脇を3cmほどぬわないであけておき、ゴム通し口を作る。

6. 通し口からゴムを通し（p36）、ゴム通し口をぬいとじ、完成。

HOW TO MAKE
スカートの作りかた

p40 　A　白のてきとうスカート
p44 　H　赤のサーキュラースカート

----

p50 　B　柄のシンプルスカート
p52 　C　異素材の切り替えスカート
p54 　D　ゆれるカットソーのスカート
p56 　E　きんちゃくみたいなロングスカート
p58 　F　ほどよい細さのタイトスカート
p60 　G　エプロンみたいな巻きスカート
p62 　I　夢みるチュチュスカート
p64 　J　大人のバルーンスカート
p66 　K　リバーシブルの重ねスカート
p68 　L　自由に着られるエスニックスカート
p70 　M　シルバーリボンの黒スカート
p72 　N　白プリーツの巻きスカート
p74 　O　自分で作るキルティングスカート

※A「白のてきとうスカート」、H「赤のサーキュラースカート」の作りかたは、写真つきでp40～p47で紹介しています。
※紹介しているスカートは、モデルサイズの身長169cm、ウエスト58cm、ヒップ88cmを目安に作っています。
※数字の単位はすべてcmです。

B

柄のシンプルスカート
→ p08

シンプルなフレアースカートのライン。
ウエストのぬいしろ始末は、
見返しをぬいつけてスッキリさせて、
ファスナーで閉じるようにします。

west-type：ファスナーつきウエスト
kiji-sozai：綿

生地選びのポイント

よほどの固さ、厚さがないかぎり、どんな素材でもOKです。どの位置に柄がくるか考えながら寸法を測り、裁断しましょう。

材料

布／112cm 幅× 2m
コンシールファスナー／白× 22cm
接着芯／ 45cm × 30cm
スプリングホック／直径1cm × 1セット

仕上がり寸法

丈：70cm

●寸法図

スカート

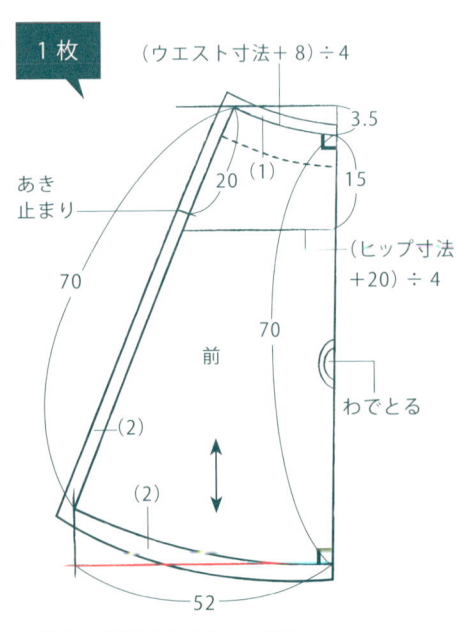

1枚（前）
- （ウエスト寸法＋8）÷4
- 3.5
- 20 (1)
- 15
- あき止まり
- 70
- (ヒップ寸法＋20)÷4
- 70
- 前
- わでとる
- (2)
- (2)
- 52

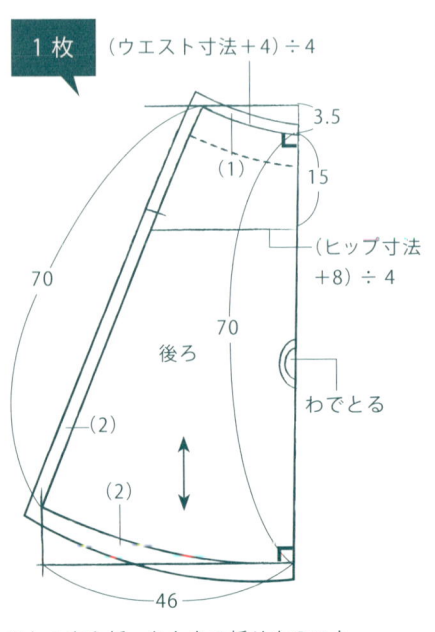

1枚（後ろ）
- （ウエスト寸法＋4）÷4
- 3.5
- (1)
- 15
- 70
- (ヒップ寸法＋8)÷4
- 70
- 後ろ
- わでとる
- (2)
- (2)
- 46

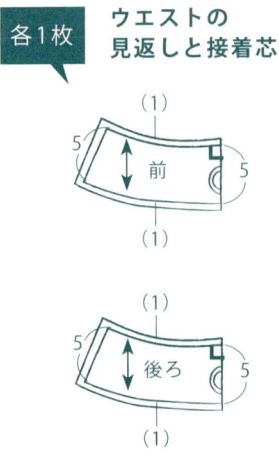

各1枚 ウエストの見返しと接着芯
- (1)
- 5　前　5
- (1)
- (1)
- 5　後ろ　5
- (1)

※ウエストの見返しは、前、後ろの寸法図のウエストから5cmまでを、わ（※）でとり直したもの。

※数字の単位はすべてcmです。
※（ ）はぬいしろの寸法です。
※←→は生地の縦の方向を表しています。

※わ：布を折ったときの折り山のこと。布を折って裁断することを「わでとる」という。

50

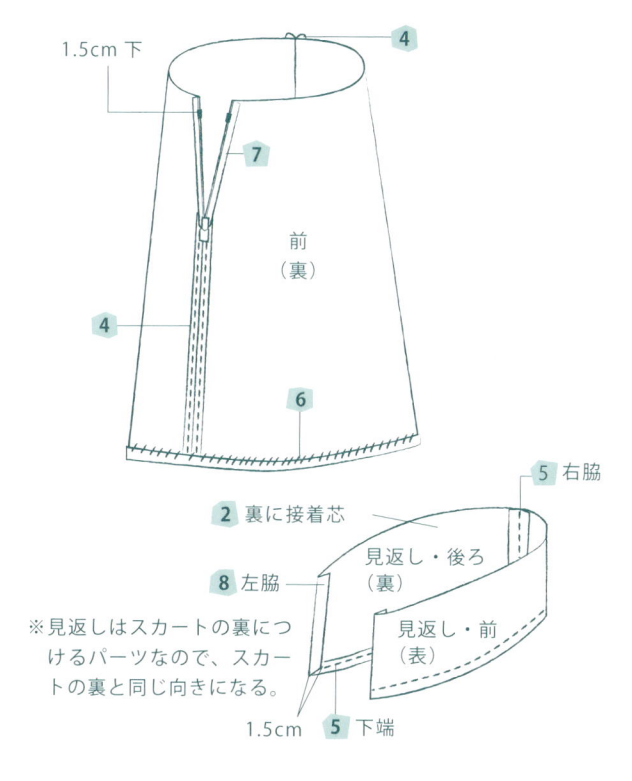

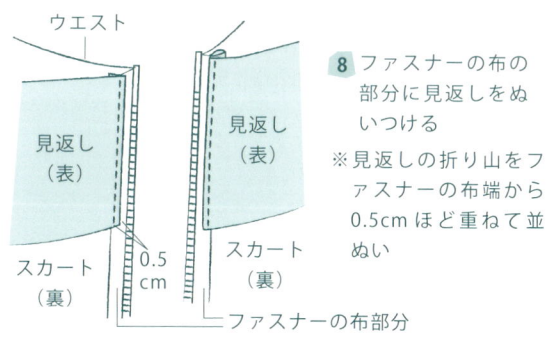

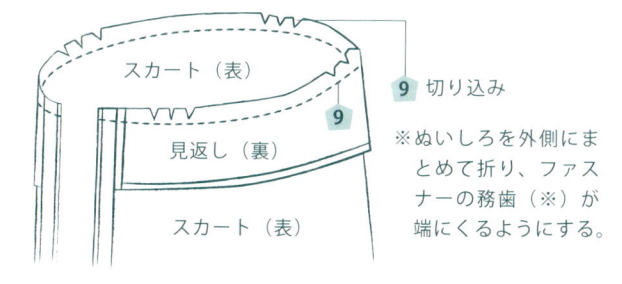

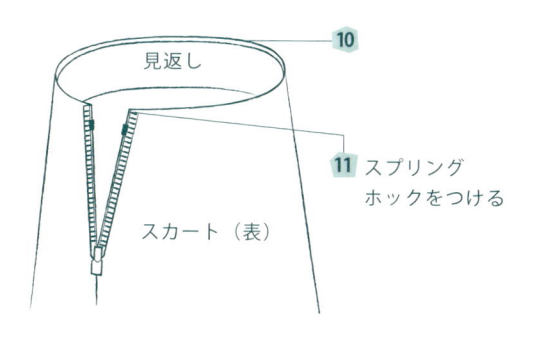

1. 寸法図のとおりに印をつけて、生地を裁断する。表・後ろ身頃とも左脇のウエストから20cmの位置にあき止まりの印をつけておく。

2. 見返しと同じ寸法で接着芯を裁断し、見返しの裏全面に接着芯を貼る。

3. 前・後ろ見頃のすそを1cm、1cmの順に三つ折り、見返しの下端のぬいしろ1cmを二つ折りして、アイロンでクセをつけておく。

4. 前・後ろの身頃を2枚中表で重ねて、半返しぬい(p32)で脇をぬい合わせる。左脇のウエストから20cmの位置はあき(※)にするのでぬわない。ぬいしろは二つ折りしてから並みぬい(p32)し、割っておく(p35)。

5. 見返しを中表で重ねて、右脇を半返しぬい(p32)でぬい合わせる。3で折った下端のぬいしろを並ぬい(p32)してぬいとめておく。

6. 3で折ったすそを一周まつりぬい(p33)する。

7. 左脇のあきに、コンシールファスナーをぬいつける(p35)。

8. 見返しの左脇のぬいしろをファスナーのひかえ分を含めて1.5cmアイロンで二つ折りする。ファスナーの布部分に見返しの折り山をファスナーの布端から0.5cmほど重ねて並ぬい(p32)でぬいつける。

9. 身頃と見返しのウエストを中表に合わせて一周マチ針でとめて、半返しぬい(p32)でぬい合わせる。ウエストのカーブがきつく生地がつれてしまうところは、ハサミで切り込みをいれておく。

10. ぬいしろをアイロンで割ってから、表に返す。このとき、ぬい合わせの線が表から見えないようアイロンでひかえる(※)。

11. ファスナーの上にスプリングホックをぬいつけて、完成。

※あき:スカートをはくために必要なウエストのひらき部分のこと。
※務歯:ファスナーがかみあう金具の部分。=エレメント
※ひかえる:表地と裏地のぬい合わせの線を1mm～2mmほど裏側にすること。

異素材の切り替えスカート
→ p10

ウエストから腰まわりに作ったヨーク（※）と、ギャザースカートとの切り替えスカート。ヨークを重ねるようにして、持ち出し（※）を作ります。

west-type：スナップボタンつきウエスト
kiji-sozai：麻（リネン）／上、キュプラ／下

生地選びのポイント
上のヨーク部分はどんな素材でもOKですが、下のスカートはギャザーが細かく分量も多いので生地の固さや厚さに注意しましょう。

材料
上布／273cm 幅×0.3m
下布／108cm 幅×2m
伸び止めテープ／1cm 幅×ヨークのウエストの長さ
接着芯／5cm 幅×17cm
スナップボタン／直径1.5cm×2セット

仕上がり寸法
丈：64cm

※ヨーク：ウエストから腰骨の位置に作る、台形型のパーツのこと。
※持ち出し：ウエストのあきを閉じるため、あきが重なるようになっている下側にくるパーツのこと。

●寸法図

ヨーク

前 2枚
15.8
3
14
（ウエスト＋6cm）÷2
14
わでとる
(1)
(ヒップ寸法＋4)÷4
22.5

後ろ（表側）1枚
3
(1)
(1)
持ち出し
後ろ・表側（表）
(1)
3
(1)
※前の寸法で、左脇に3cmの持ち出しをつけている。

後ろ（裏側）1枚
3
(1)
(1)
持ち出し
後ろ・裏側（表）
(1)
3
(1)
※前の寸法で、右脇に3cmの持ち出しをつけている。

ギャザースカート

3枚
108（生地幅）
50
(1)
(2)

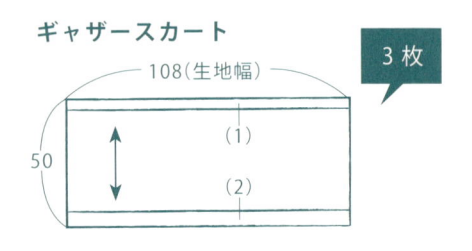

※ギャザースカートは耳を使っています。
※数字の単位はすべてcmです。
※( )はぬいしろの寸法です。
※←→は生地の縦の方向を表しています。
※わ：布を折ったときの折り山のこと。布を折って裁断することを「わでとる」という。

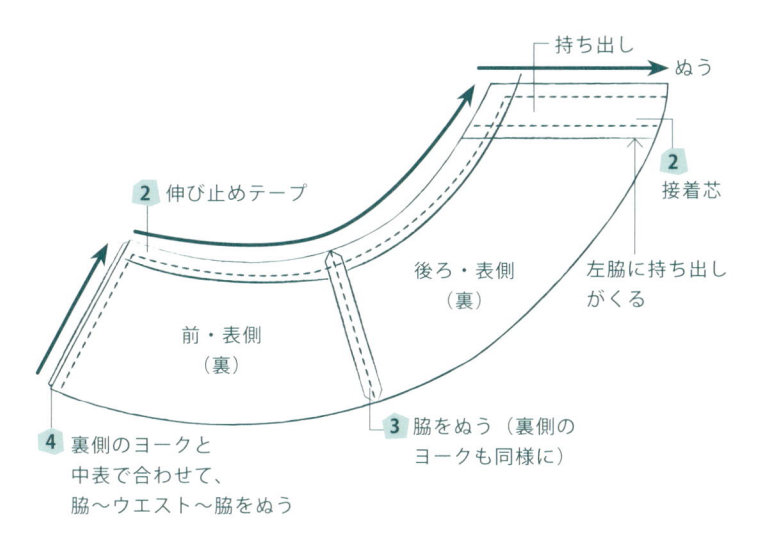

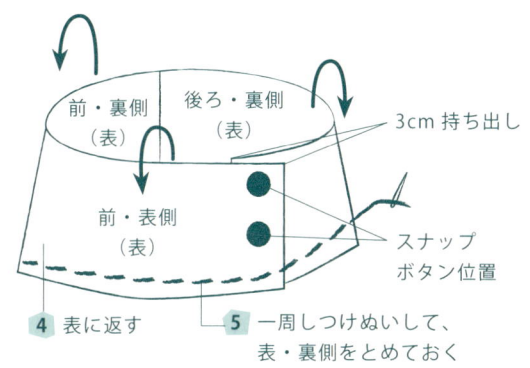

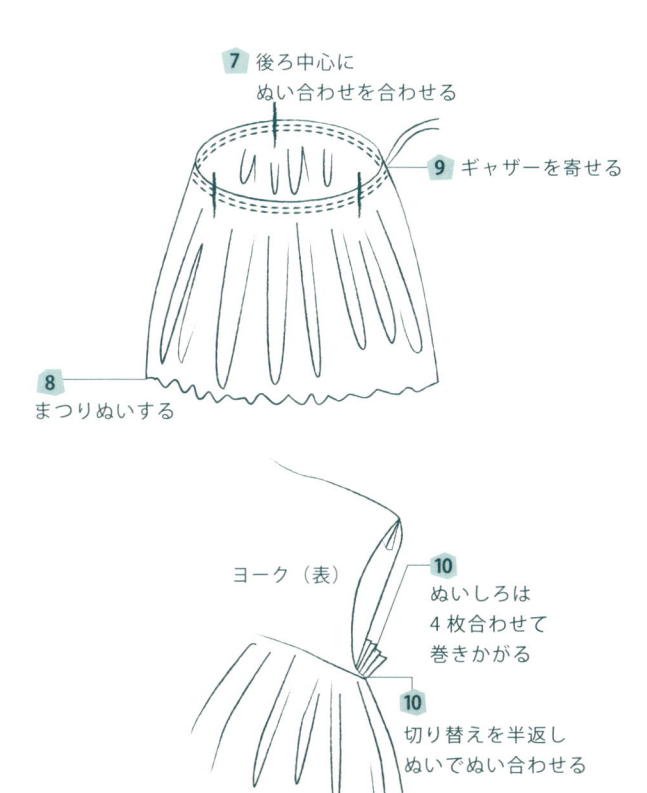

1	寸法図のとおりに印をつけて、生地を裁断する。
2	表側にくるヨークのウエスト端に1cmの伸び止めテープを一周貼る。表側にくる後ろヨークの持ち出しに接着芯を貼る。
3	表側、後ろ側それぞれの前・後ろのヨークを組み合わせて、右脇を半返しぬい（p32）でぬう。ぬいしろは割っておく。
4	表側と後ろ側のヨークを中表で合わせて、前の左脇〜ウエスト〜後ろの左脇までを半返しぬい（p32）でぬう。表に返してアイロンで形を整える。
5	持ち出しの上に前の左脇を重ね合わせて、動かないよう一周しつけぬい（p39）をして、表・裏側のヨークをとめておく。
6	裁断したギャザースカート3枚のすそを、1cm、1cmの順で三つ折りし、アイロンでクセをつけておく。
7	スカートの3枚を中表で順に重ねて、脇を半返しぬい（p32）でぬって筒状にする。ぬいしろは割っておく。
8	6のすそをマチ針でとめて、一周まつりぬい（p33）する。
9	スカートのウエストのぬいしろ1cm内にぐしぬいをして、ギャザーを寄せて（p33）、（ヒップ寸法＋4）の長さに合わせる。
10	5のヨークと9のスカートを中表に合わせ、ぬいしろ1cmを半返しぬい（p32）でぬう。ぬいしろは4枚合わせて巻きかがり（p33）しておく。
11	5のしつけぬいをほどき、持ち出しにスナップボタンをつけ、完成。

D

ゆれるタックスカート
→ p11

前面に大きなタック（※）をとったスカートです。ニット素材のバイアステープで縁取りしたウエストは、スナップボタンでとめています。

west-type：スナップボタンつきウエスト
kiji-sozai：綿68％×ポリエステル32％（ダンボールニット）

生地選びのポイント
生地分量が多く、ウエストをスナップボタンでとめているので、スカートが下がってこないよう、生地の重さに注意しましょう。

材料
布／185cm幅×2m
バイアステープ／ニット素材×（ウエスト寸法＋31.5cm）
スナップボタン／直径1.5cm×2セット

仕上がり寸法
丈：70cm

● 寸法図

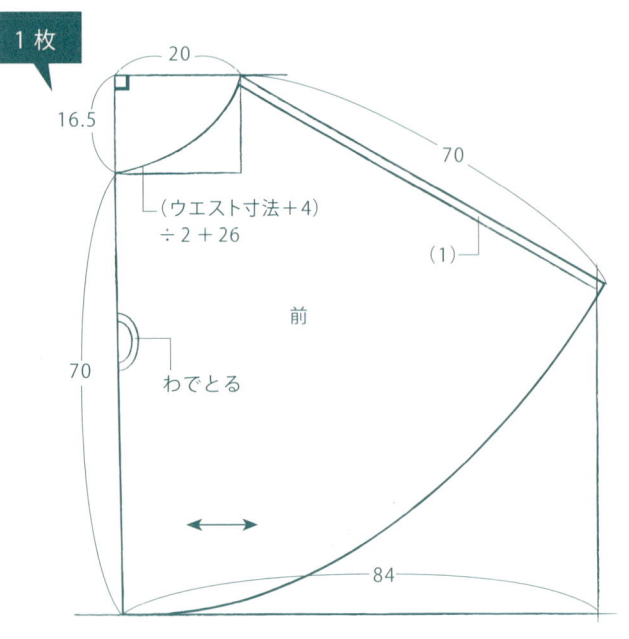

前 1枚
- 20
- 16.5
- （ウエスト寸法＋4）÷2＋26
- 70
- (1)
- 70
- わでとる
- 84

後 1枚
- 15
- 5
- （ウエスト寸法＋4）÷2
- 70
- 70
- (1)
- わでとる
- 66

※すそ、ウエストは裁ち切り

※数字の単位はすべてcmです。
※（）はぬいしろの寸法です。
※⟷ は生地の縦の方向を表しています。

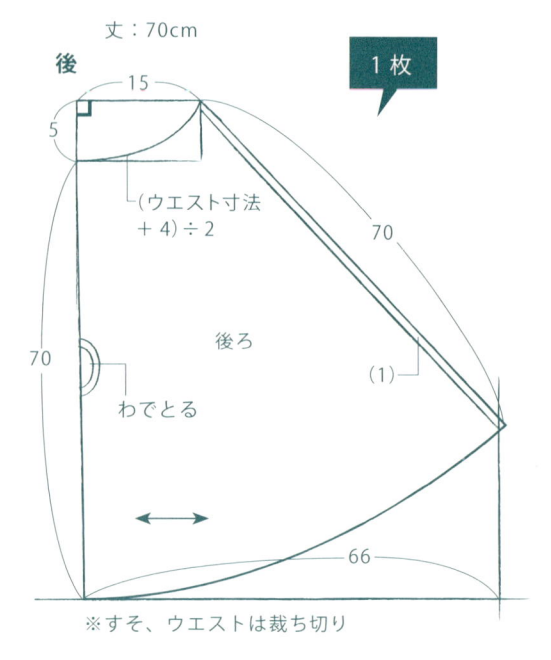

※タック：布のあまりを折りたたんでいる部分のこと。
※わ：布を折ったときの折り山のこと。
　布を折って裁断することを「わでとる」という。

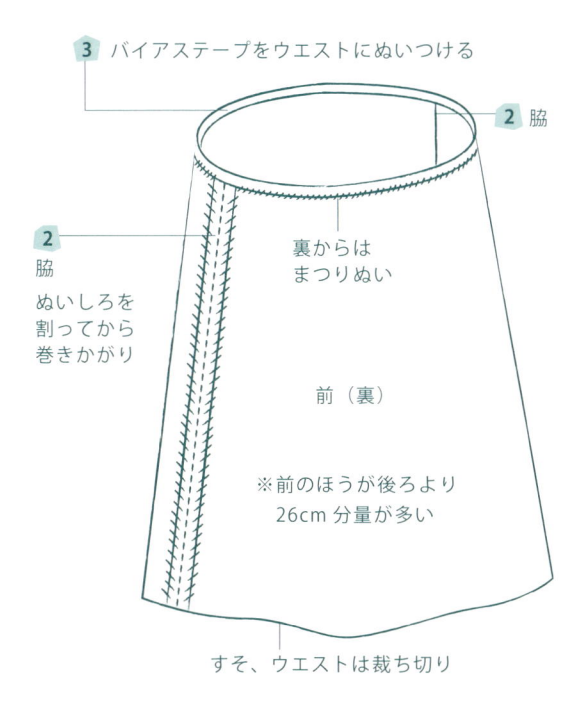

3 バイアステープをウエストにぬいつける

2 脇

裏からはまつりぬい

2 脇
ぬいしろを割ってから巻きかがり

前（裏）

※前のほうが後ろより26cm 分量が多い

すそ、ウエストは裁ち切り

1 寸法図のとおりに印をつけて、生地を裁断する。

2 前・後ろ身頃を中表で重ねて、左右の脇を本返しぬい（p32）する。ぬいしろは割ってから巻きかがり（p33）しておく。

3 バイアステープをウエストにぬいつける。中表にしてウエストと重ね、表から並ぬい（p32）で一周ぬってから、裏に返してまつりぬい（p33）で一周ぬいつける。左脇からつけていき、最後は端を1cm重ねておく。このとき、布端を0.5cm内側に折り込んでおく。

4 中心から左右8cmの位置で、6.5cmタックをたたむ。タックの端の位置が決まったら、0.5cm内側の位置にスナップボタンをぬいつけ、完成。

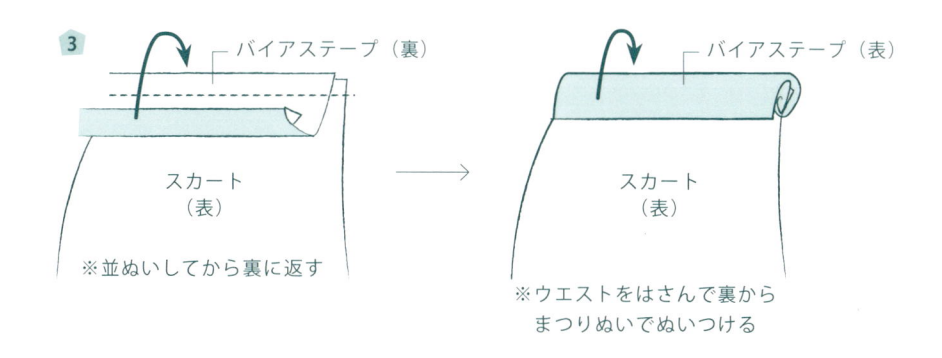

3

バイアステープ（裏）

スカート（表）

※並ぬいしてから裏に返す

バイアステープ（表）

スカート（表）

※ウエストをはさんで裏からまつりぬいでぬいつける

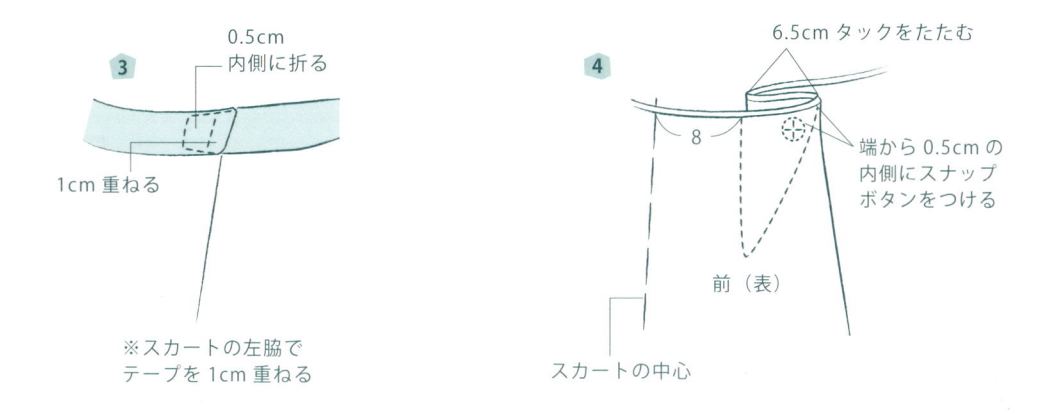

3

0.5cm 内側に折る

1cm 重ねる

※スカートの左脇でテープを1cm重ねる

4

6.5cm タックをたたむ

8

端から0.5cmの内側にスナップボタンをつける

前（表）

スカートの中心

きんちゃくみたいな
ロングスカート
→ p12

裁断した4枚の生地を、筒状に
ぬい合わせてひもを通します。ぬう量が
多いので、根気良くぬい進めましょう。
ウエストでひもをギュッとしばります。

west-type：ひもでしばるウエスト
kiji-sozai：麻（リネン）／前・後ろとも

生地選びのポイント
ギャザーを寄せるスカートの分量が多いので、
軽く薄い素材が理想です。色合いで印象も変
わります。前・後ろで同じ布を使ってもOK。

材料
前布／114cm 幅× 2.5m（水色）
後ろ布／150cm 幅× 2.5m（ストライプ）

仕上がり寸法
丈：112cm

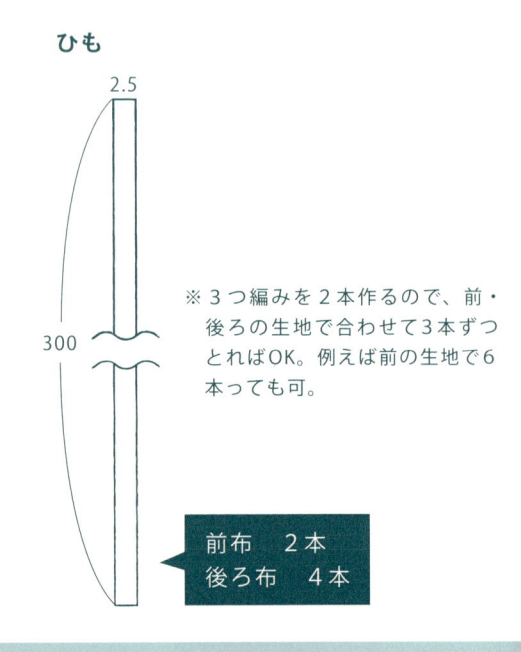

● 寸法図

スカート
- 92
- (1)
- 112
- (1.2)
- (1.2)
- (2)
- 前　2枚
- 後ろ　2枚

※数字の単位はすべてcmです。
※（）はぬいしろの寸法です。
※←→は生地の縦の方向を表しています。

ひも
- 2.5
- 300

※3つ編みを2本作るので、前・
後ろの生地で合わせて3本ずつ
とればOK。例えば前の生地で6
本とっても可。

前布　2本
後ろ布　4本

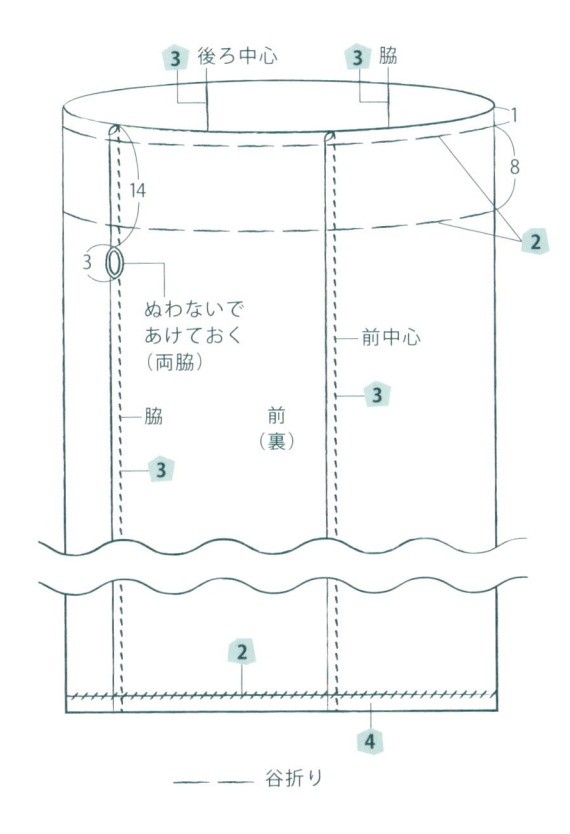

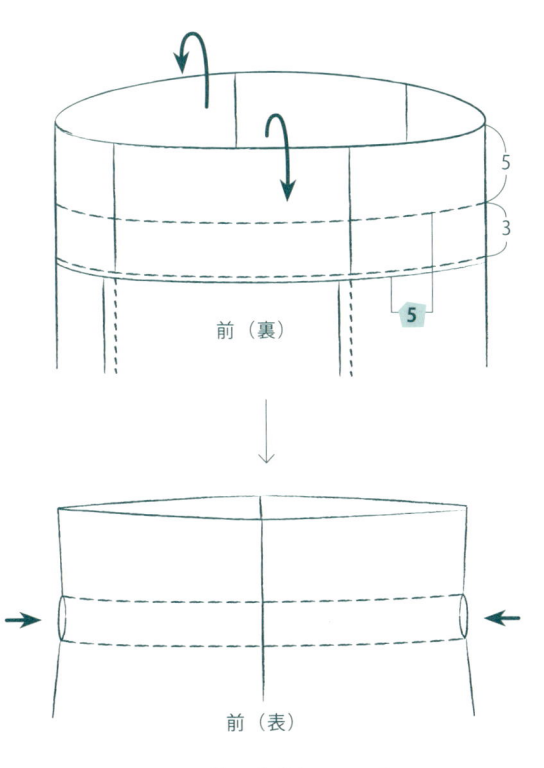

図中のラベル:
- 後ろ中心
- 脇
- 前中心
- ぬわないであけておく（両脇）
- 脇
- 前（裏）
- 谷折り
- 前（裏）
- 前（表）
- 表から見ると両脇に穴があいている（ここにひもを通す）。
- 3つ編みする
- 両端は結ぶ
- 表
- 左右それぞれひもを通す

1. 寸法図のとおりに生地に印をつけて裁断する。

2. すそとウエストを三つ折りして、アイロンでクセをつけておく。
   すそは1cm、1cmの順。ウエストは1cm、8cmの順で折る。

3. 左右の脇、前中心、後ろ中心を袋ぬい（p34）でぬい合わせる。このときに、ウエストから14cm下がったところから3cmの位置の両脇は、ぬわないであけておく。これがひもの通し口になる。

4. すそをまつりぬい（p33）でぬう。

5. 三つ折りしたウエストをマチ針でとめ、上から5cm、3cmの位置を並ぬい（p32）で一周ぬう。

6. 裁断したひも6本を、裁ち切りのまま3本ずつ三つ編みする。両端は結んでおく。

7. 表身頃の左右にあけたひも通し口に、1本ずつひもを一周通して、完成。

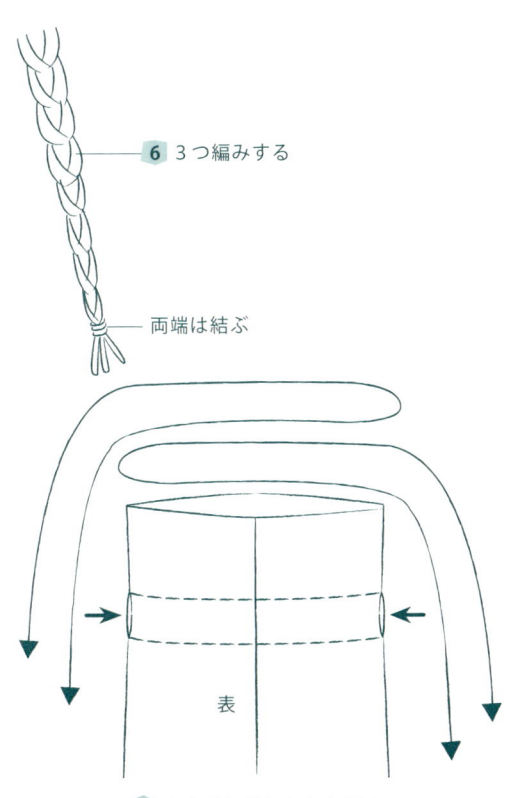

f

ほどよい細さの
タイトスカート
→ p14

太めのベルトがついていて、ひもを通して軽くウエストをしばっています。脇のテープはデザインのアクセント。ぬいつけないことも可能です。

west-type：ひもで調整するウエスト
kiji-sozai：綿（スウェット）

生地選びのポイント

タイトスカートなので、よく伸びるカットソー生地を選びましょう。本書ではスウェット生地（カットソー生地のひとつ）を使用。

材料

布／160cm 幅×1m
伸び止めテープ／1.5cm 幅×8cm
ひも／1cm 幅×160cm
飾り用テープ／丈＋ぬいしろ 2cm

仕上がり寸法

丈：70cm

●寸法図

スカート

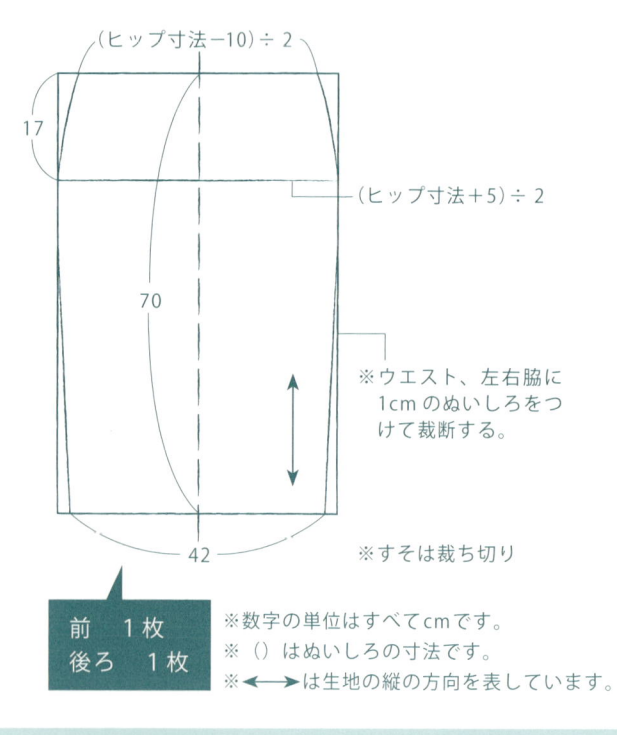

(ヒップ寸法−10)÷2
17
(ヒップ寸法＋5)÷2
70
※ウエスト、左右脇に1cmのぬいしろをつけて裁断する。
42
※すそは裁ち切り

前　1枚
後ろ　1枚

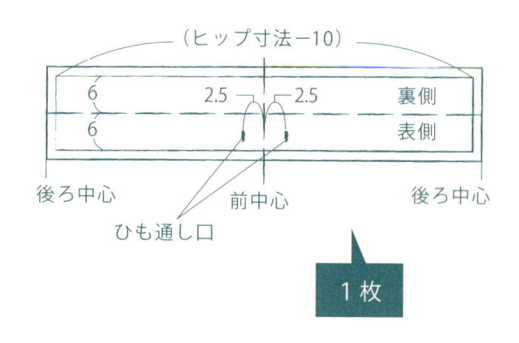

※数字の単位はすべてcmです。
※（ ）はぬいしろの寸法です。
※←→は生地の縦の方向を表しています。

ベルト

(ヒップ寸法−10)
6　2.5　2.5　裏側
6　　　　　　表側
後ろ中心　前中心　後ろ中心
ひも通し口

1枚

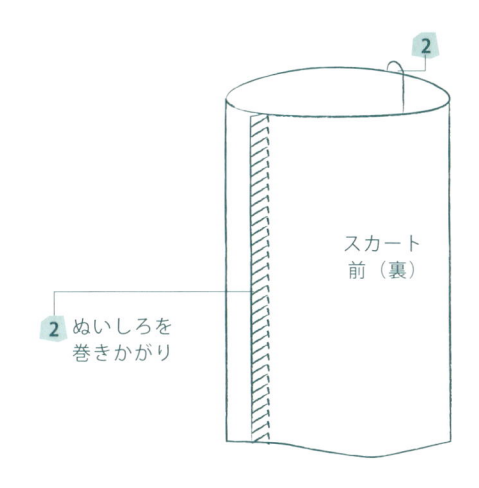

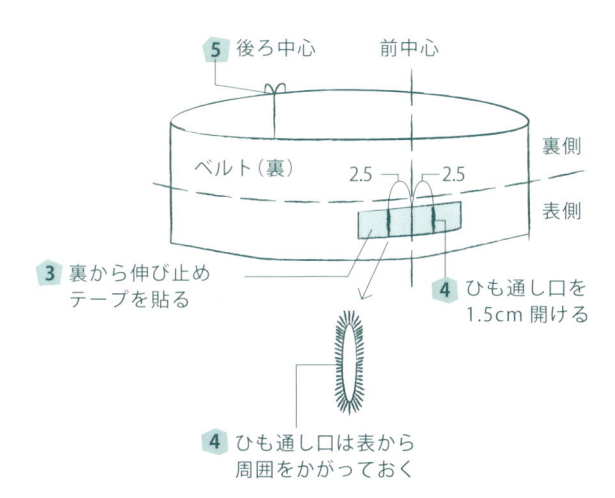

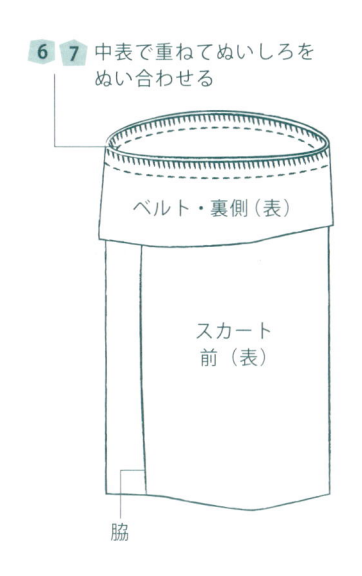

1. 寸法図のとおりに印をつけて、生地を裁断する。

2. 前・後ろの身頃を中表で重ねて、左右の脇を本返しぬい（p32）でぬう。ぬいしろは後ろ身頃側に倒して、巻きかがり（p33）しておく。

3. ベルトの表側、ひも通し口を作る位置に、裏から伸び止めテープを貼っておく。

4. ひも通し口を作る位置に、1.5cmの穴を開けて、周辺をかがっておく。

5. ベルトの両端を中表にして合わせ、半返しぬい（p32）でぬって輪にする。ぬいしろは割っておく。

6. ベルトを半分に折り、スカートのウエストにベルトのぬいしろを重ねて、半返しぬい（p32）で3枚をぬい合わせる。

7. ベルトを表に返してから、ぬいしろを3枚まとめて巻きかがり（p33）して、アイロンで下に向けて倒しておく。

8. ひも通し口にひもを一周通す。

9. テープの上下1cmを内側に折り、スカートの脇のぬい目線に寄れたりつれたりしないよう、均等にマチ針でとめる。テープの左右を並ぬい（p32）して、スカートにぬいつけて、完成。

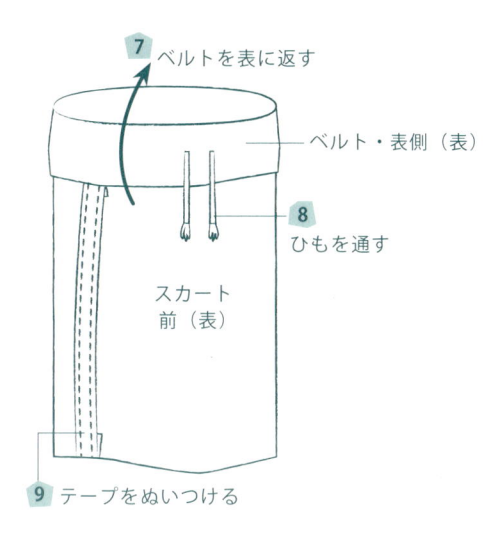

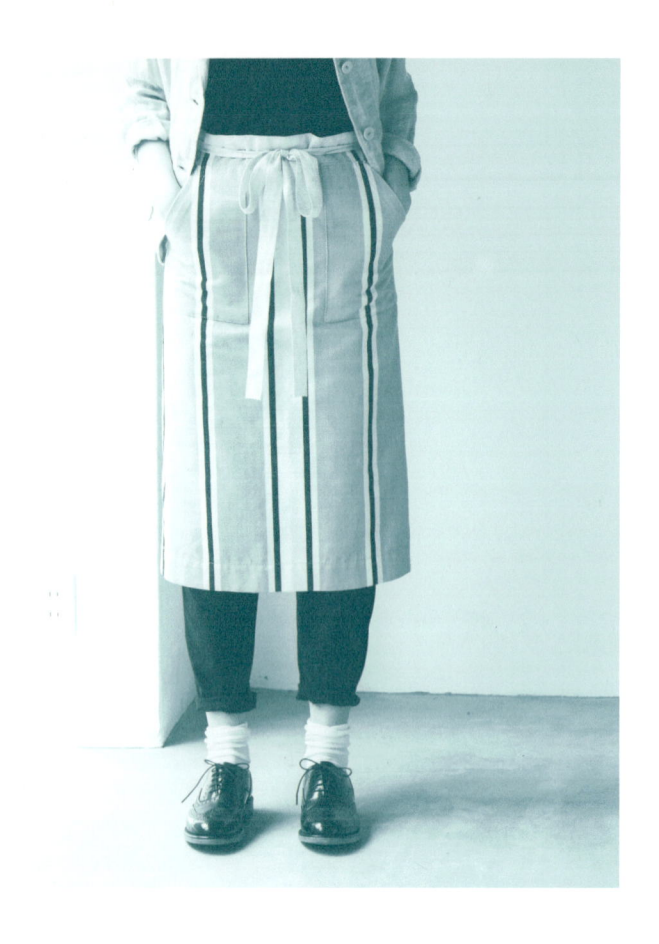

G

エプロンみたいな
巻きスカート
→ p15

寸法どおりに裁断し、ひもをぬいつける
だけなので比較的簡単です。ポケットを
身頃と柄合わせ（p38）（※）にするときは、
裁断のとりかたに気をつけましょう。

west-type：ひもでしばるウエスト
kiji-sozai：綿

生地選びのポイント
選ぶ生地の素材によって印象が変わります。
本書では固く張りのある、厚めの生地を使っ
てまっすぐなシルエットを作っています。

材料
布／ 137cm × 1m
ひも／杉綾テープ 2.5cm 幅× 3m

仕上がり寸法
丈：73cm

※柄合わせ：パーツ同士の柄や模様がつながるよ
　うに、生地の配置を考えてから裁断すること。

● 寸法図

スカート

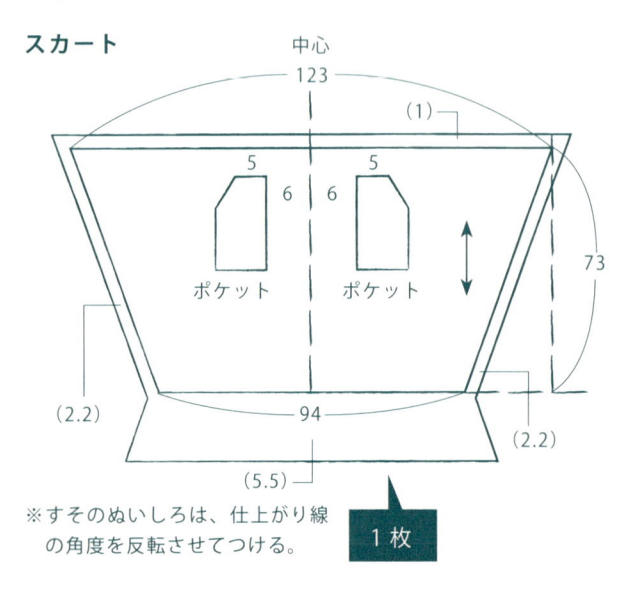

中心
123
(1)
5　5
6　6
ポケット　ポケット
73
(2.2)　(2.2)
94
(5.5)

1枚

※すそのぬいしろは、仕上がり線
　の角度を反転させてつける。

※数字の単位はすべてcmです。
※（ ）はぬいしろの寸法です。
※←→は生地の縦の方向を表しています。

ポケット

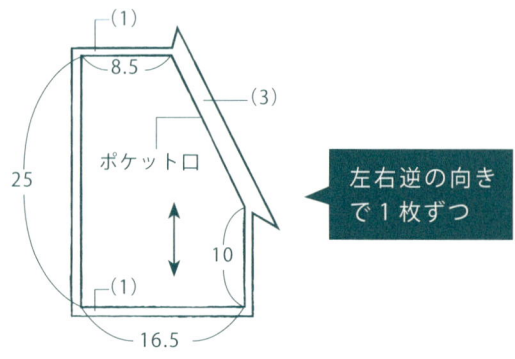

(1)
8.5
(3)
ポケット口
25
10
(1)
16.5

左右逆の向き
で1枚ずつ

※ポケット口のぬいしろは、仕上がり線の角度
　を反転させてつける。
※柄合わせするときは、ポケットのつけ位置（左
　図）を参照する。

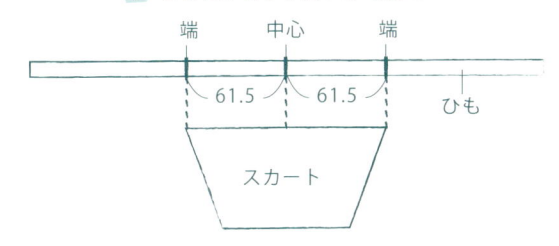

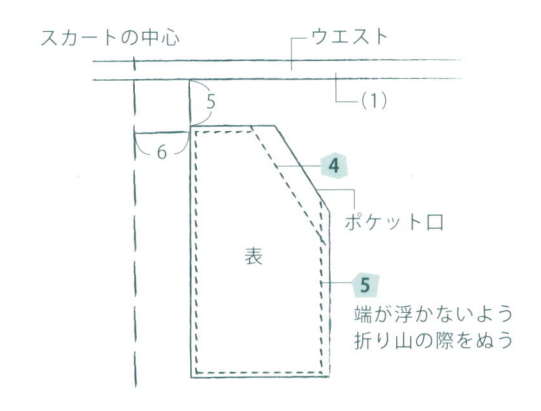

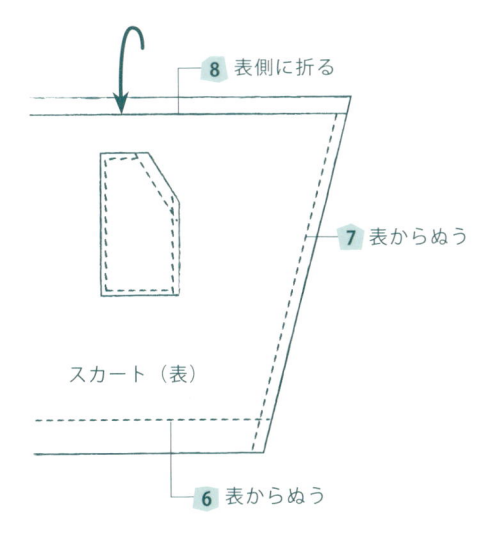

1 寸法図のとおりに印をつけて、生地を裁断する。

2 ウエストの前中心と、ポケット位置に印をつけておく。

3 ひもの中心に印をつけてから、中心からスカートの両端がくる位置に印をつけておく。

4 ポケット口を1cm、2cmの順で三つ折りしてから、表から本返しぬい（p32）する。

5 ポケットのまわりを1cmで二つ折りしてから、スカートのポケットをつける位置にマチ針でとめる。表から本返しぬい（p32）でスカートにぬいつける。

6 すそを1cm、4.5cmの順で三つ折りしてから、表から本返しぬい（p32）する。

7 スカートの両端を1cm、1.2cmの順で三つ折りしてから、表から本返しぬい（p32）する。

8 ウエストのぬいしろ1cmを表側にアイロンで二つ折りする。**1**でつけた印に合わせてひもをのせてマチ針でとめる。ひもの上下と端を表から本返しぬい（p32）して、ぬいつける。

※ひもの両端のほつれが気になる場合は、三つ折りしてから本返しぬい（p32）で表からぬっておく。

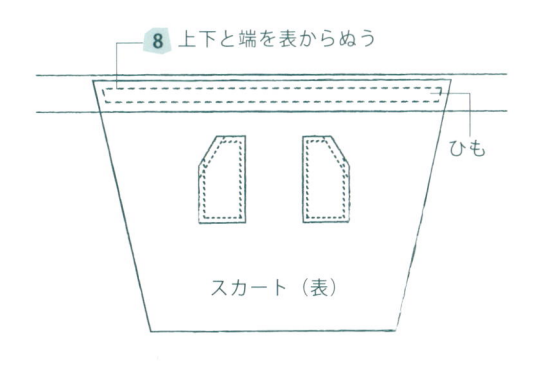

61

夢みるチュチュスカート
→ p18

Aラインのスカートの上に、
チュールのスカートを重ねています。
下のスカートのほうが分量が少なく、
チュールのボリュームが引き立ちます。

west-type：リボンで結ぶウエスト／チュール
　　　　　　スナップボタンつきウエスト／下
　　　　　　スカート
kiji-sozai：ソフトチュール／チュール
　　　　　　綿（ローン）／下スカート

生地選びのポイント
本書ではやわらかいソフトチュールを使っていますが、固いチュールを使った場合は、張りがあり、ボリュームがより出ます。

材料
チュール布／188cm幅×3.5m
下スカート布／110cm幅×2m
リボン／グログランリボン2.5cm幅×2m10cm
スナップボタン／直径5〜8mm／2セット

仕上がり寸法
丈：80cm／チュール　77.5cm／下スカート

●寸法図

チュールスカート

前　2枚
後ろ　2枚

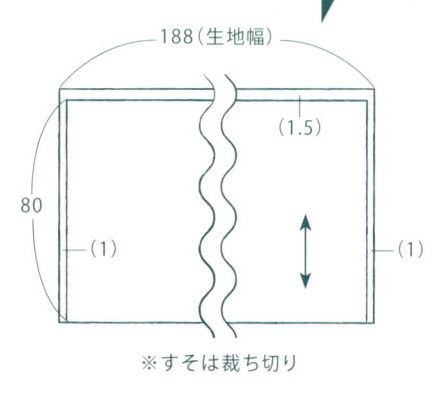

- 188（生地幅）
- 80
- (1.5)
- (1)
- (1)
- ※すそは裁ち切り

※チュールはほつれにくいので、裁ち切りで使えます。
※数字の単位はすべてcmです。
※（ ）はぬいしろの寸法です。
※←→は生地の縦の方向を表しています。

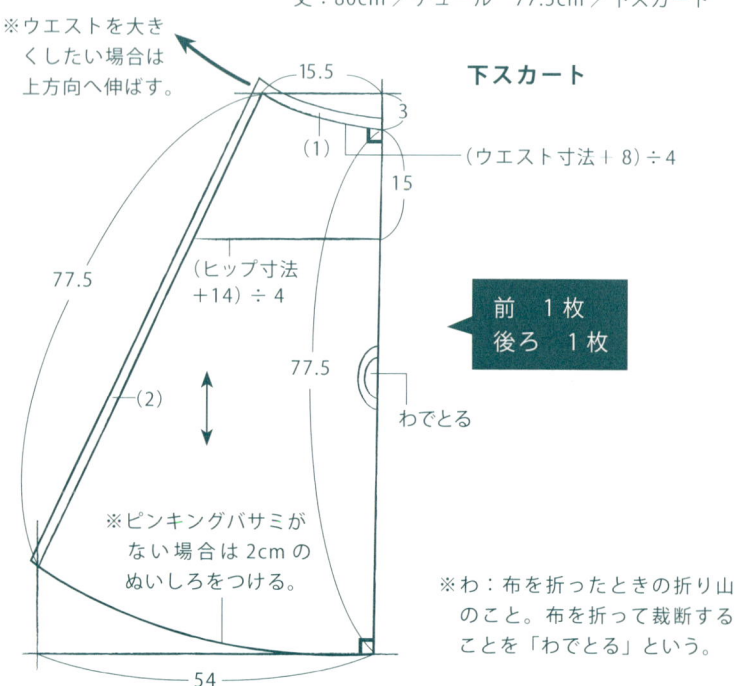

下スカート

前　1枚
後ろ　1枚

- ※ウエストを大きくしたい場合は上方向へ伸ばす。
- 15.5
- (1)
- 3
- 15
- （ウエスト寸法＋8）÷4
- 77.5
- （ヒップ寸法＋14）÷4
- (2)
- 77.5
- わでとる
- 54
- ※ピンキングバサミがない場合は2cmのぬいしろをつける。

※わ：布を折ったときの折り山のこと。布を折って裁断することを「わでとる」という。

図のラベル：

2
- チュールスカート（裏）
- 左脇のあきはぬわないでおく
- 20

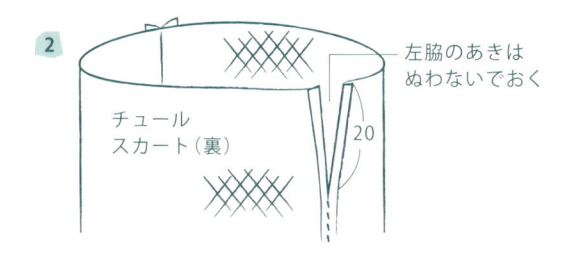

3 ウエスト寸法＋8cmの長さまでギャザーを寄せる
- チュールスカート（表）
- スカートは2枚重ねる

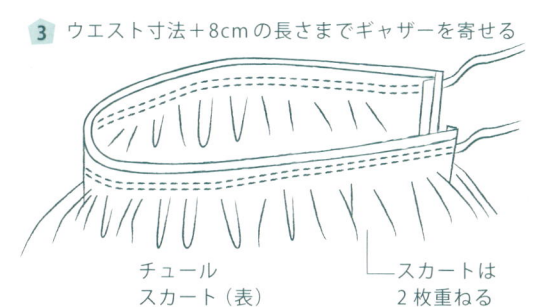

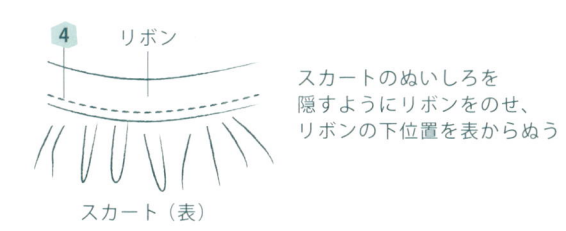

4 リボン
- スカートのぬいしろを隠すようにリボンをのせ、リボンの下位置を表からぬう
- スカート（表）

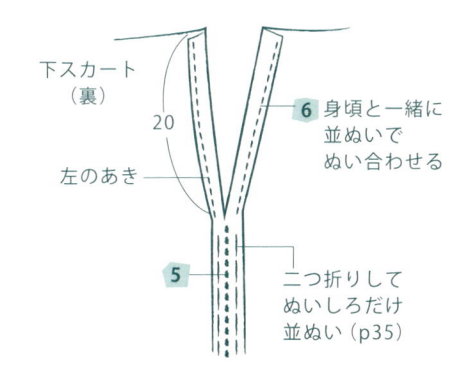

5
- 下スカート（裏）
- 20
- 左のあき
- 6 身頃と一緒に並ぬいでぬい合わせる
- 二つ折りしてぬいしろだけ並ぬい（p35）

8 チュールとスカートのぬいしろだけをぬう
- リボン（裏）
- ぐしぬい
- 7 ぬいしろは表に折る
- 4 リボンとチュールをぬい合わせる
- 下スカート（裏）
- チュール（裏）

---

1 寸法図のとおりに印をつけて、生地を裁断する。このとき、下スカートのすそはピンキングバサミで裁断する。前・後ろ身頃の前後中心、リボンの左右前後中心に合い印（※）をつけておく。

2 チュールスカートの生地の、前身頃と後ろ身頃を1枚ずつ中表で合わせて、左右の脇を半返しぬい（p32）でぬう。左脇のウエストから20cmの位置はあき（※）にするのでぬわない。ぬいしろは割り、あき部分は二つ折りしておく。このスカートを2枚作る。

3 2で作ったスカートを、あきの位置を合わせて2枚重ねる。ウエストのぬいしろ内に表から2本細かくぐしぬいし、ウエスト寸法＋8cmの長さまでギャザーを均等に寄せておく（p33）。

4 チュールスカートのウエストにリボンをのせて、合い印どおり左右前後中心を合わせてマチ針でとめる。リボンの下位置を並ぬい（p32）で一周ぬう。

5 下スカートの生地2枚を中表で合わせて、左右の脇を並ぬい（p32）でぬい合わせる。左脇のウエストから20cmの位置はあきにするのでぬわない。ぬいしろは二つ折りしてから並ぬいし、割っておく（p35）（あきどまりのぬいしろはぬわない）。

6 あきのぬいしろを並ぬい（p32）で身頃とぬい合わせておく。

7 ウエストのぬいしろ1cmを表側にアイロンで二つ折りする。

8 7をチュールスカートのぬいしろと重ね合わせて、7の折り山から0.5cmの位置を並ぬい（p32）でぬいつける。このときチュールと下スカートだけをぬい、リボンにまでぬい目が出ないようにする。

9 下スカートのあきにスナップボタンをぬいつけて、完成。

※下スカートにぬいしろをつけた場合は、二つ折りして並ぬい（p32）しておく。
※ひもの両端のほつれが気になる場合は、三つ折りしてから本返しぬい（p32）しておくか、ピンキングバサミでカットしてほつれを防ぐ。
※あき：スカートをはくために必要なウエストの開き部分のこと。
※合い印：ぬい合わせる生地に印をつけ、ずれないように合わせる印のこと。

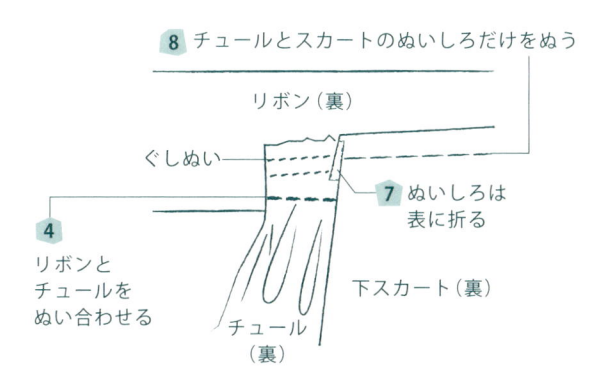

J

大人のバルーンスカート
→ p19

裁断した1枚の生地だけで作れるバルーンスカートです。
ゴムをひっぱりながらすそにぬいつけて、バルーンのふくらみを出します。

west-type：ゴムエウスト
kiji-sozai：麻（リネンデニム）

生地選びのポイント

本書では、薄手で少し張りのあるリネンデニムを使っています。生地選びによって、バルーンのふくらみの印象が変わります。

材料

布／145cm幅×1.5m
ゴム／1cm幅×（ウエスト寸法－5cm）
　　　（ウエストゴム）
　　　1.5cm幅×90cm（すそに入れるゴム）

仕上がり寸法

丈：67cm

● 寸法図

スカート

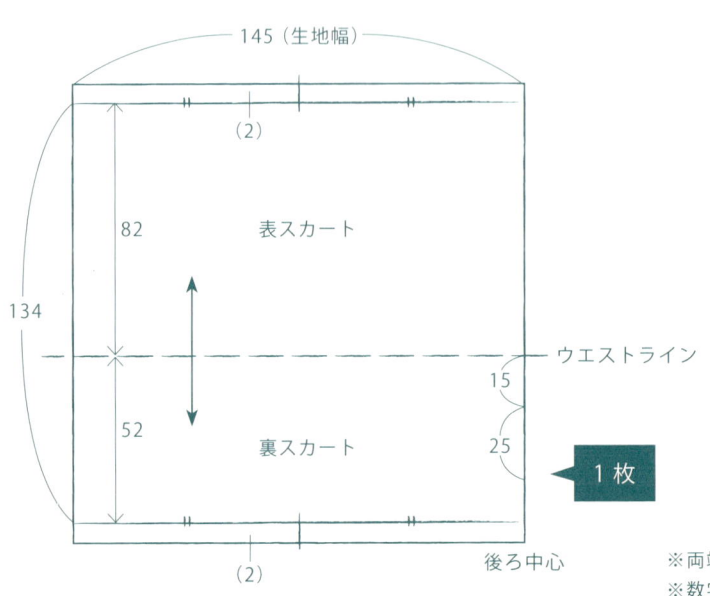

- 145（生地幅）
- (2)
- 82
- 134
- 表スカート
- ウエストライン
- 15
- 52
- 裏スカート
- 25
- 1枚
- (2)
- 後ろ中心

※両端は耳を使っています。
※数字の単位はすべてcmです。
※（ ）はぬいしろの寸法です。
※←→は生地の縦の方向を表しています。

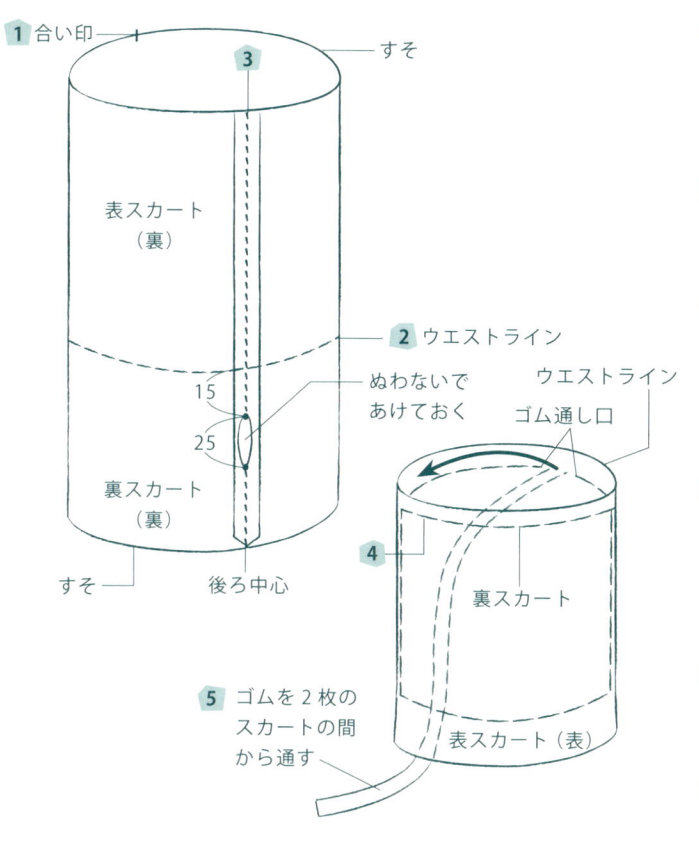

| 1 | 合い印 | すそ |

1 合い印
3
すそ
表スカート
（裏）

2 ウエストライン
ウエストライン
15 ぬわないで
あけておく
25
ゴム通し口

裏スカート
（裏）

すそ　後ろ中心
4
裏スカート

表スカート（表）

5 ゴムを2枚の
スカートの間
から通す

あいている間から、
2枚のスカートのすそを出す

6
2cm
ぬいしろ

25cm
あけた部分　スカート（表）
後ろ中心

7 ゴムを伸ばしながらぬいとめる

25cm
あけた部分　スカート（表）
後ろ中心

8 裏側
ぬいとじる

ゴムの縮みで
バルーン状になる

1　寸法図のとおりに印をつけて、生地を裁断する。表・裏スカートそれぞれのすその中心、ゴムの半分寸法に合い印（※）をつけておく。

2　ウエストライン（寸法図参照）を表から山折りし、アイロンでクセをつけておく。

3　左右の端を中表に合わせて半返しぬい（p32）し、筒状にする。このとき、ウエストラインから裏スカートの15cm下、25cmの部分をぬわないでおく。ぬいしろは割っておく。

4　ウエストラインを折り、ウエストから3cmの位置を、表から一周並ぬい（p32）する。このとき、3cmほどぬわずにあけておき、ゴム通し口を作っておく。

5　表スカートと裏スカートの間からウエストゴムを通して（p36）、表から並ぬい（p32）で閉じる。

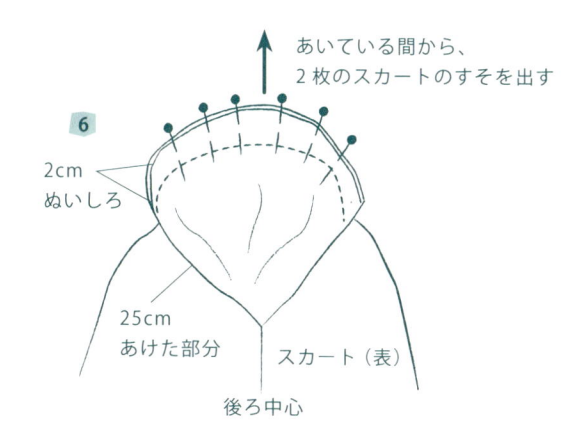

6　表に返した状態で3であけておいた25cmの間に手を入れて、表スカートと裏スカートのすそを中表にあわせてマチ針でとめ、一周並ぬい（p32）する。ななめによじれないよう、生地の合わせ方に注意する。

7　6でぬったすそのぬいしろに、ゴムを均等に伸ばしながら一周マチ針でとめる。ゴムを再度伸ばしながら一周並ぬい（p32）でぬいとめる。ゴムの両端は1cmずつ重ねて本返しぬい（p32）する。

8　3であけた部分を、かがりぬい（※）して閉じて、完成。

※合い印：ぬい合わせる生地に印をつけ、ずれないように合わせる印のこと。
※かがりぬい：表からぬい閉じるときなどに用いるぬいかたで、生地の繊維をすくい合うようにしてぬうこと。

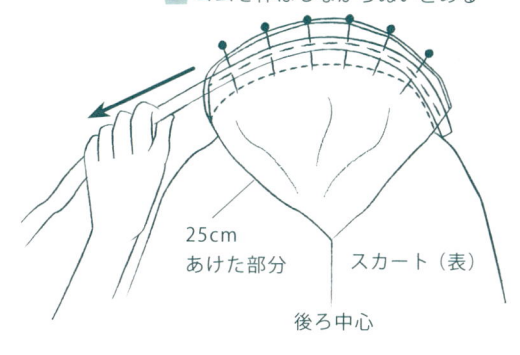

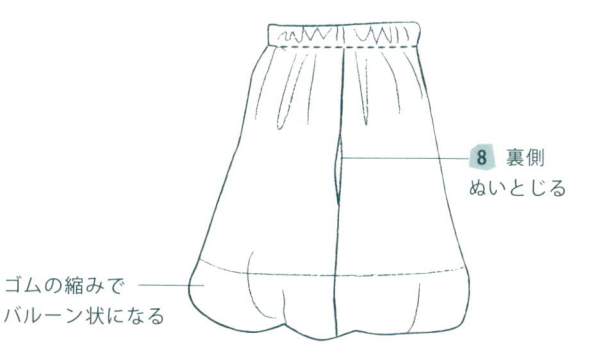

K

リバーシブルの重ねスカート

→ p20

3枚の生地を重ねた細身の
Aラインスカートです。
リバーシブルで着るので、ウエストの
布端がかくれるようにぬい合わせます。

west-type：ゴムエウスト
kiji-sozai：絹（シルクシフォン）／上、
　　　　　　綿（ガーゼ）／下

生地選びのポイント

3枚の生地の重なりがきれいに見えるよう、薄くやわらかい素材が理想です。本書ではガーゼとシフォンを重ねています。

材料

上布／90cm幅×3m
下布／110cm幅×3m
ゴム／2cm幅×ウエストー5cm

仕上がり寸法

丈：67cm／上、76.5cm／下

● 寸法図

※数字の単位はすべてcmです。
※（）はぬいしろの寸法です
※←→は生地の縦の方向を表しています

上スカート 3枚

※ウエストを大きくしたい場合は上方向へ伸ばす。

(1) 1.5
17
67
(1.2)
67
わでとる
8cm
28.5

下スカート 6枚

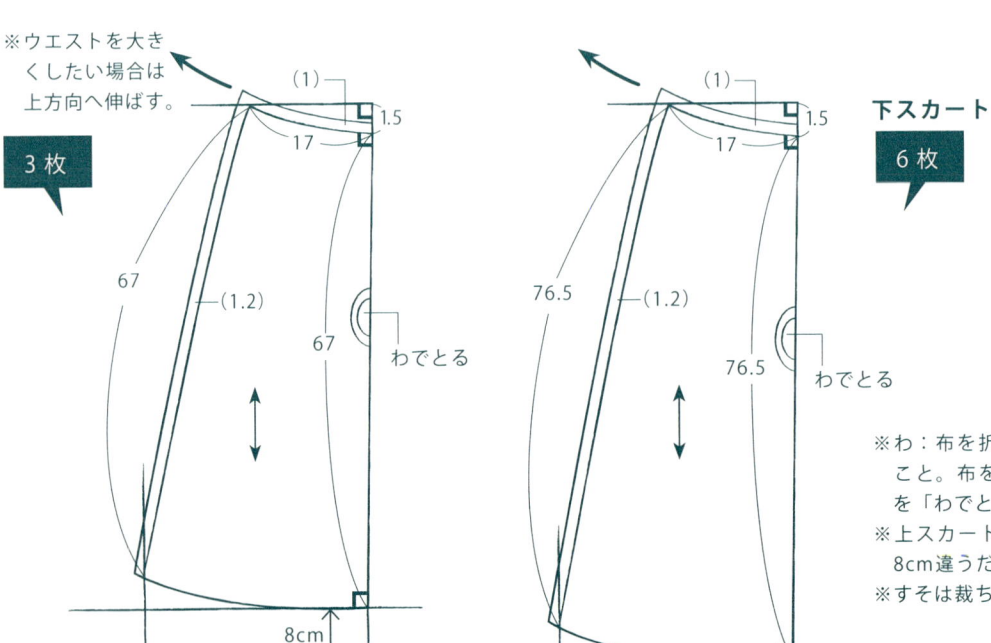

(1) 1.5
17
76.5
(1.2)
76.5
わでとる
30.2

※わ：布を折ったときの折り山のこと。布を折って裁断することを「わでとる」という。
※上スカートと下スカートは丈が8cm違うだけで、他の寸法は同じ。
※すそは裁ち切り。

2 後ろ中心にぬい合わせの線がくるようにする

上スカート　1枚
下スカート　2枚

4 中表で重ねてウエストをぬう

上スカート（裏）
重ねる
3 下スカート2枚のぬいしろ同士をしつけぬいしておく
下スカート2枚（裏）

5 表から3枚まとめてぬう

ゴム通し口をあけておく
表に返す
上スカート（表）

上スカート（裏）
下スカート（表）
ゴム
6 スカートの間からゴムを通す

1 寸法図のとおりに印をつけて、生地を裁断する。

2 上スカート、下スカートの生地3枚ずつを、端を合わせて袋ぬい（P34）し、筒状にする。上スカートで1枚、下スカートで2枚のスカートができる。

3 下スカートの2枚を重ねて、ぬいしろ同士を一周しつけぬい（p39）しておく。

4 上スカートと3を中表で合わせて、ウエストを半返し（p32）でぬう。

5 4を表に返してアイロンでおさえてから、ウエスト上から2cmの位置を一周並ぬい（p32）する。このとき、3cmほどぬわずにあけておき、ゴム通し口を作っておく。

6 スカートの間にあるゴム通し口からゴムを通し（p36）、表から並ぬい（p32）で通し口を閉じて、完成。

※すそを裁ち切りしない場合は、三つ折りして並ぬい（p32）する。

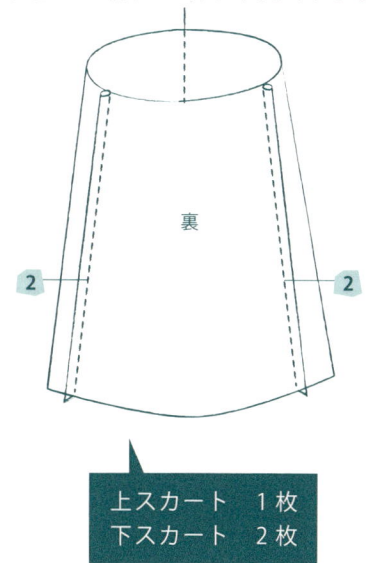

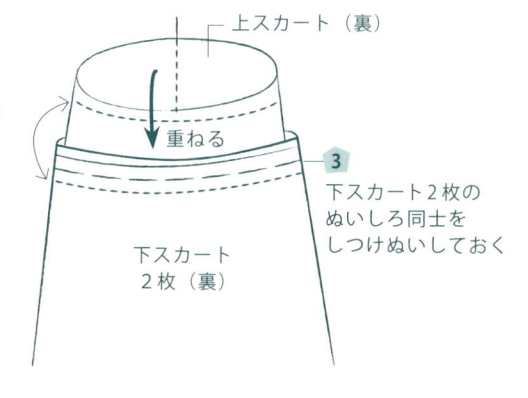

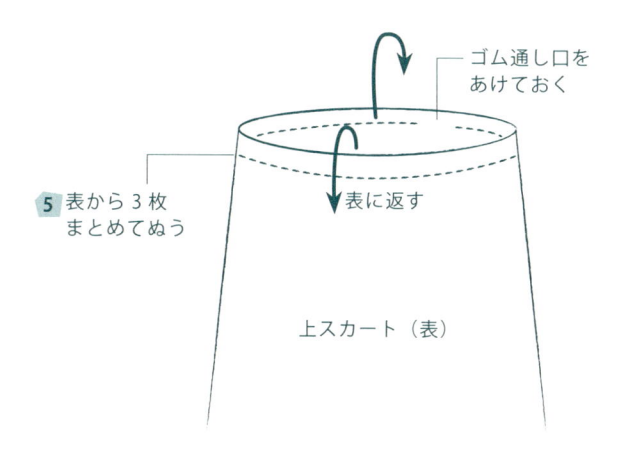

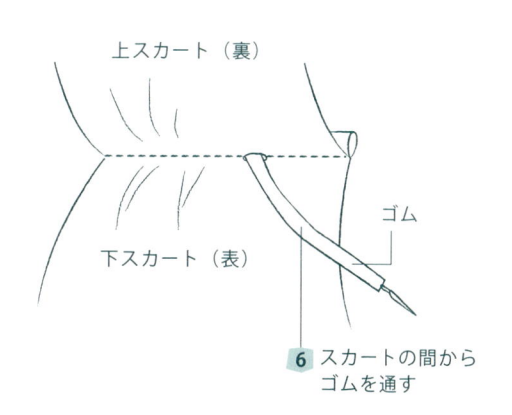

自由に着られる
エスニックスカート
→ p22

生地を筒状にぬい合わせるだけなので、
とても簡単。ひもを 1 本作って、
スカートをしばります。着方は自由で、
1 枚で着たり、首に巻いたりと楽しめます。

west-type：ひもでしばるウエスト
kiji-sozai：麻（リネン）／黄色、
　　　　　綿（モスリン）／ストライプ

生地選びのポイント
どんな生地でも楽しめますが、ひもでしばるので、重い生地だとスカートが下がりやすくなります。軽い生地がおすすめです。

材料

黄色／156cm 幅× 2m
ストライプ／118cm 幅× 2m

仕上がり寸法

丈：100cm ／黄色　86cm ／ストライプ

●寸法図

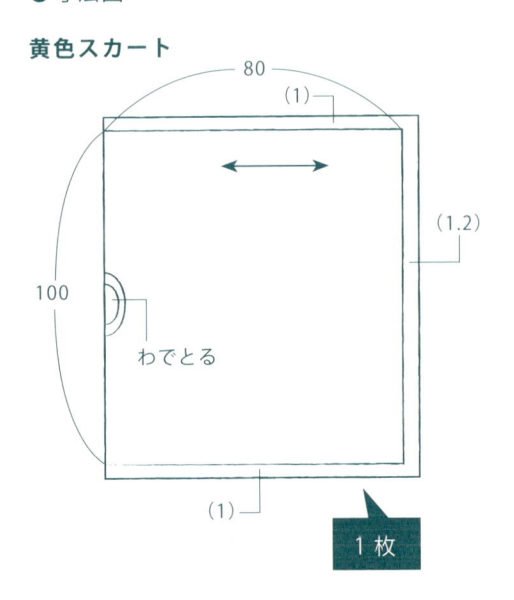

黄色スカート

- 80
- (1)
- (1.2)
- 100
- わでとる
- (1)
- 1枚

ストライプスカート

- 80
- (1)
- (1.2)
- 86
- (1.2)
- (1)
- 前　1枚
- 後ろ　1枚

ひも
- 200
- 4
- (1)
- 8
- (1)
- 4

※数字の単位はすべてcmです。
※（ ）はぬいしろの寸法です。
※←→は生地の縦の方向を表しています。

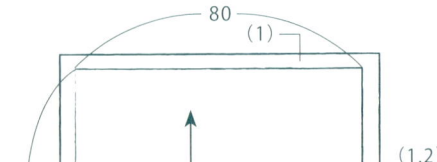

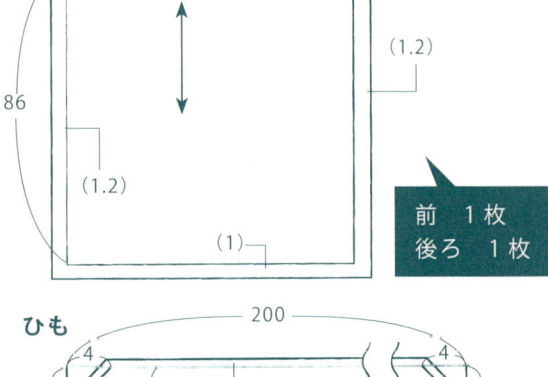

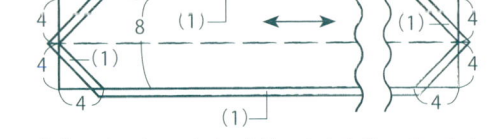

※本書ではストライプの生地でひもを作っています。

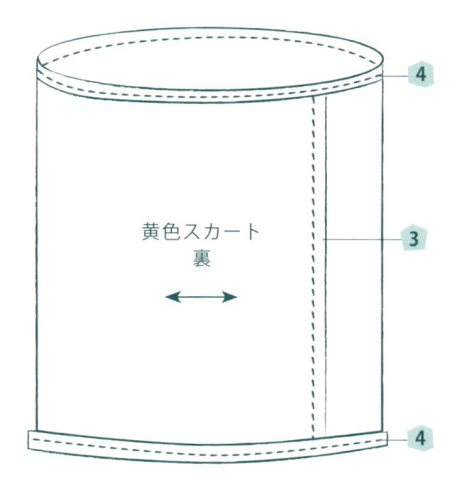

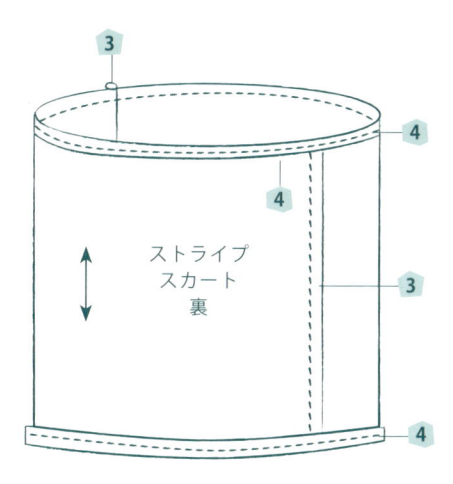

1 寸法図のとおりに印をつけて、生地を裁断する。

2 すそ、ウエストのぬいしろを三つ折りして、アイロンでクセをつけておく（黄色、ストライプ両方とも）。

3 脇を袋ぬい（p34）でぬい合わせて、筒状にする（黄色は脇1本、ストライプは脇2本）。

4 すそ、ウエストを一周並ぬい（p32）する（黄色、ストライプ両方とも）。

5 ひもを中表にして半分に折り、一周並ぬい（p32）する。片方の端はぬわずにおき、ループ返し（※）などを使って表に返す。

6 表からひもの端をかがり、完成。

※ループ返し：細長いひもやリボンを表に返すための道具。

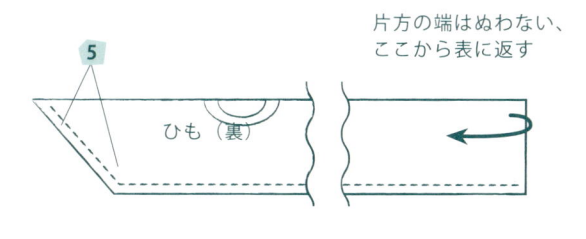

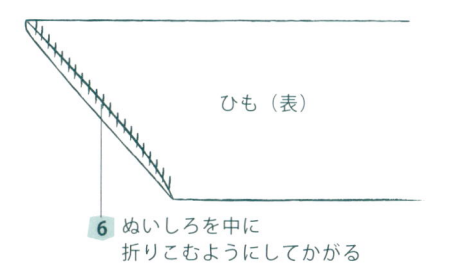

片方の端はぬわない、ここから表に返す

ひも（裏）

ひも（表）

6 ぬいしろを中に折りこむようにしてかがる

69

M

シルバーリボンの
黒スカート
→ p24

裁断した1枚の生地を折り、
裏地つきのスカートを作ります。
裏のスカートにプリーツのように折り
たたんだリボンをぬいつけています。

west-type：ゴムエウスト
kiji-sozai：毛（サマーウールストレッチ）

生地選びのポイント

同じ生地を2枚重ねるので、厚みに注意しながら色や素材の組み合わせを楽しみましょう。本書では固く張りのあるリボンを使っています。

材料

布／140cm幅×1.5m
ゴム／3cm幅×（ウエスト寸法-5cm）
リボン／シルバー×7cm幅×2.1m

仕上がり寸法

丈：70cm

● 寸法図

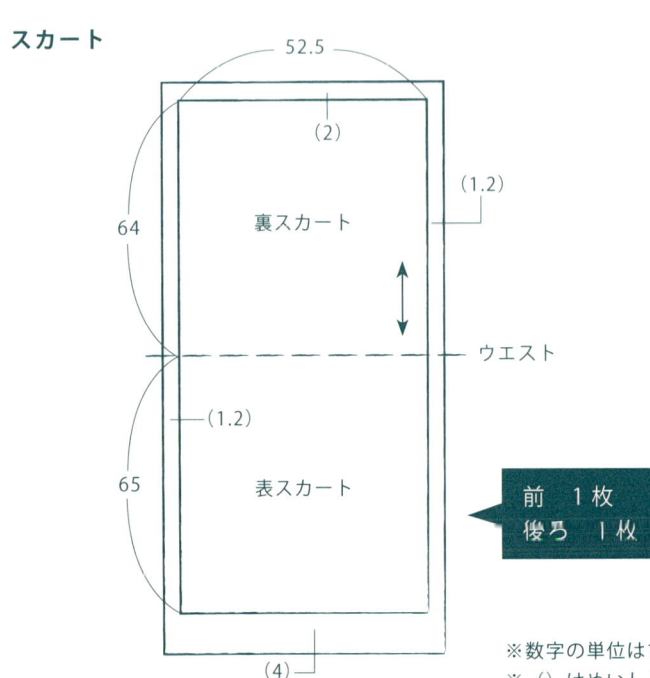

スカート

- 52.5
- (2)
- (1.2)
- 64
- 裏スカート
- ウエスト
- (1.2)
- 65
- 表スカート
- 前　1枚
- 後ろ　1枚
- (4)

※数字の単位はすべてcmです。
※（ ）はぬいしろの寸法です
※ ←→ は生地の縦の方向を表しています

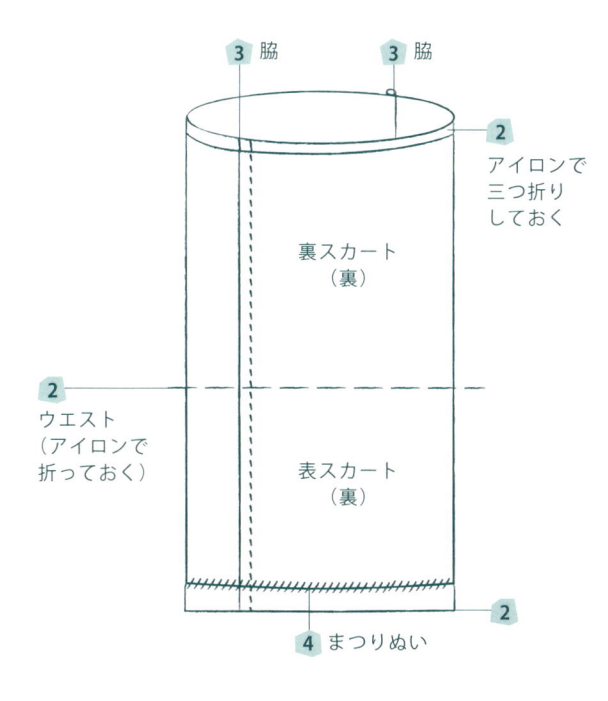

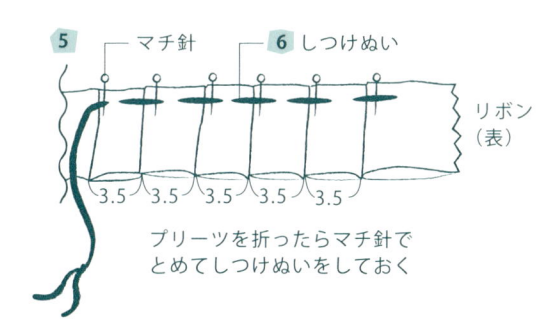

1 寸法図のとおりに印をつけて、生地を裁断する。

2 ウエストの位置（寸法図参照）、表スカート側のすそのぬいしろを1cm、3cmの順で三つ折り、裏スカート側のすそのぬいしろを1cm、1cmの順で三つ折りして、アイロンでクセをつけておく。

3 前・後ろ身頃を重ねて、左右の脇を袋ぬい（p34）し、筒状にする。

4 表スカートのすそをマチ針でとめ、まつりぬい（p33）する。

5 リボンを3.5cm幅でプリーツ（※）のように手で折っていく。マチ針でとめてから、しつけぬい（p39）で仮止めしておく。

6 2で三つ折りした裏スカートのすそを、一周しつけぬい（p39）する。裏のぬいしろの上にリボンをのせ、マチ針でとめてから一周並ぬい（p32）する。ぬい終わったらしつけをほどいておく。

7 ウエストを折り、上から3cmの位置を一周並ぬい（p32）する。このとき、3cmほどぬわずにあけておき、ゴム通し口を作っておく。

8 ゴム通し口からゴムを通し（p36）、表から並ぬい（p32）で通し口を閉じて、完成。

※プリーツ：デザインや洋服を立体的に見せるため、均等に折りたたんだ生地のこと。

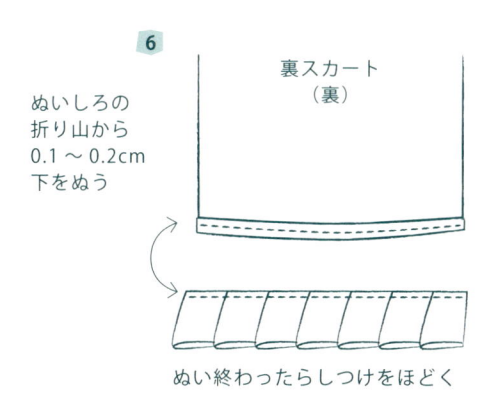

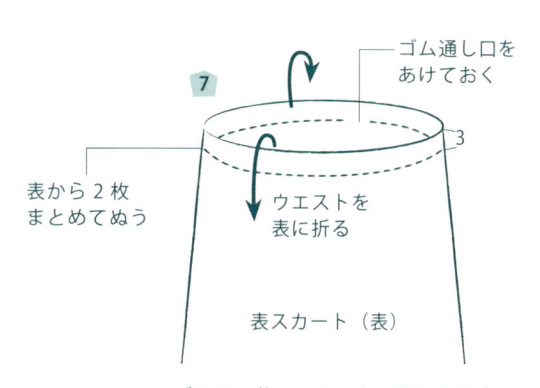

N

白プリーツの巻きスカート
→ p25

プリーツ（※）は、ストライプの線を目印にして折っています。ウエストはグログランテープをぬいつけていて、巻きスカートにします。

west-type：スナップボタンつきウエスト
kiji-sozai：毛（サマーウールストレッチ）

生地選びのポイント

アイロンでプリーツを折っているので、折りやすくクセがつきやすい生地が良いでしょう。ストライプ線がない生地でも作れます。

材料

布／140cm 幅×2m
グログランテープ／5cm 幅×94cm
スナップボタン／直径1.5cm×2セット

仕上がり寸法

丈：70cm

※プリーツ：デザインや洋服を立体的に見せるため、均等に折りたたんだ生地のこと。

● 寸法図

スカート

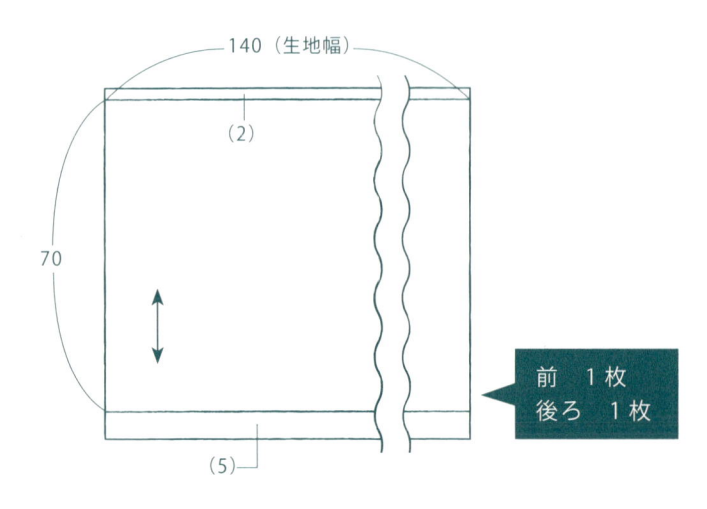

- 140（生地幅）
- (2)
- 70
- (5)
- 前 1枚
- 後ろ 1枚

※両端は耳を使っています。
※数字の単位はすべてcmです。
※（ ）はぬいしろの寸法です。
※ ←→ は生地の縦の方向を表しています。

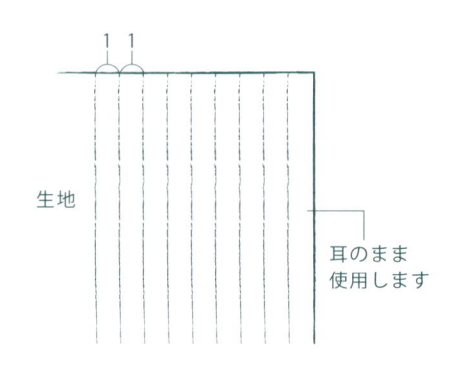

1 1
生地
耳のまま使用します

※生地には1cm間隔でストライプの線が入っています。

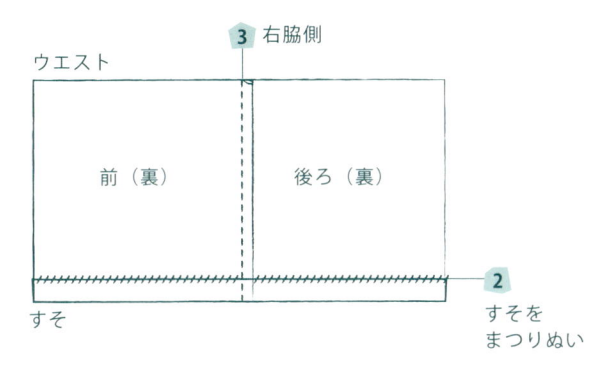

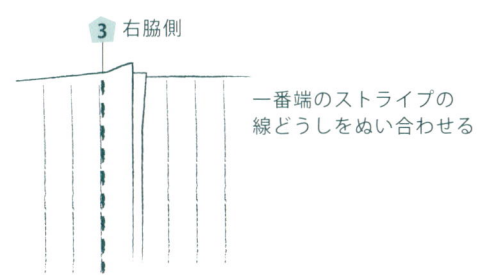

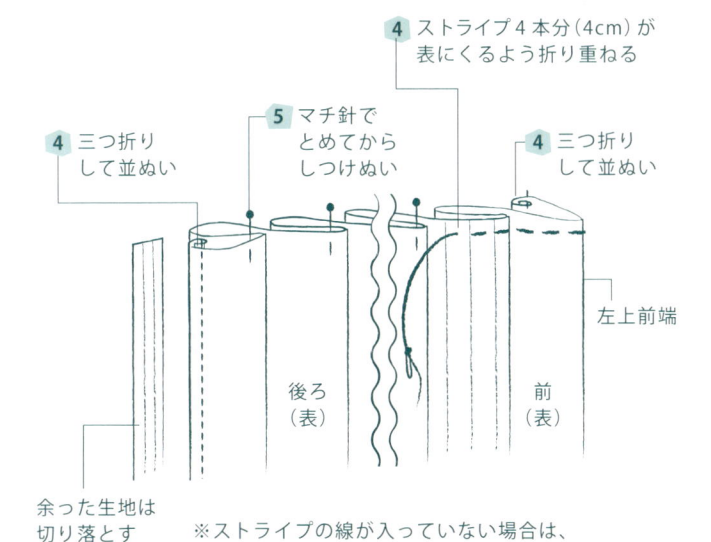

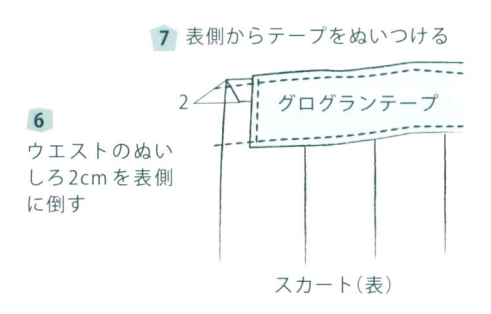

1. 寸法図のとおりに印をつけて、生地を裁断する。

2. すそを 1cm、4cm の順で三つ折りし、まつりぬい（p33）する（生地 2 枚とも）。

3. 2 枚の生地を中表に重ねて、右脇側を並ぬい（p32）する。このとき、一番端にあるストライプの線を合わせて、線上をぬう。

4. ストライプの線を利用して、3 でぬった身頃のぬい合わせの線から両端に向かって、線 4 本分のプリーツをアイロンで折っていく（左図参照）。ぬい合わせの線が表にこないよう、プリーツの奥側になるようにする。余った生地は切り落とし、両端は 2cm のぬいしろをつけて三つ折りし、並ぬい（p32）しておく。

5. マチ針でとめてから、ウエストの上端をしつけぬい（p39）しておく。

6. ウエストのぬいしろ 2cm を表側に倒しておく。

7. ウエストの上端に、両端を 1cm ずつ折り込んだグログランテープをのせる。左上前端は、裏の三つ折り端までテープをくるむ。上下を並ぬい（p32）して、スカートにぬいつける。

8. スカートを左前あきになるよう体に巻いてみて、上前と下前が合う位置にスナップボタンをぬいつけて、完成。

※洗濯後はプリーツがとれる場合があります。しっかりとプリーツを固定したい場合は市販のプリーツ固定スプレーをかけアイロンをすると良いでしょう。

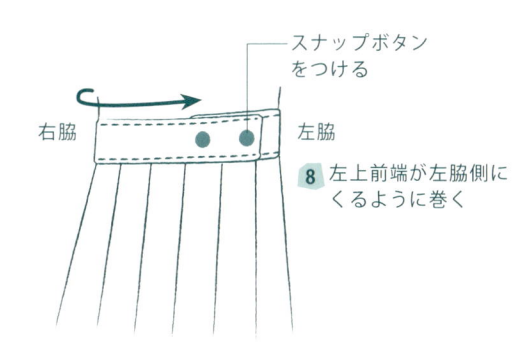

自分で作る
キルティングスカート
→ p26

好みの生地と、中わたつきの生地（※）をぬい合わせて1枚の生地にします。自由にステッチ（ぬい目）をいれて、キルティングスカートを作ります。

west-type：スナップボタンつきウエスト
kiji-sozai：綿（サテン）／表、中わた／裏

生地選びのポイント
中わたつきの生地はシーチング生地（綿）を貼ったものがおすすめです。厚みがでるので、表生地は、なるべく薄めのものが良いでしょう。

材料
布／110cm幅×2m（表）、116cm幅×1.5m（裏）
スナップボタン／直径1.5cm×2セット

仕上がり寸法
丈：67cm

● 寸法図

スカート

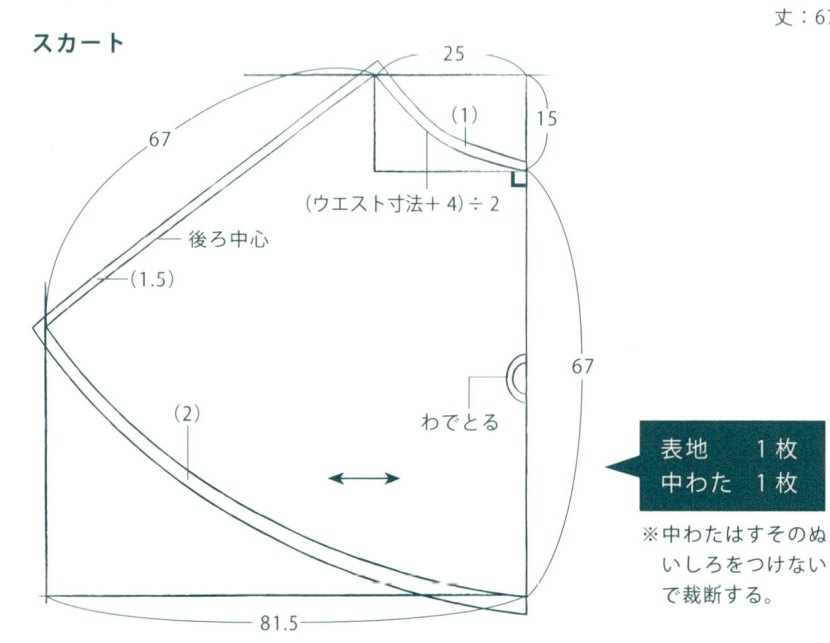

- 25
- 67
- (1)
- 15
- （ウエスト寸法＋4）÷2
- 後ろ中心
- (1.5)
- 67
- わでとる
- (2)
- 81.5

表地　1枚
中わた　1枚

※中わたはすそのぬいしろをつけないで裁断する。

持ち出し（※）

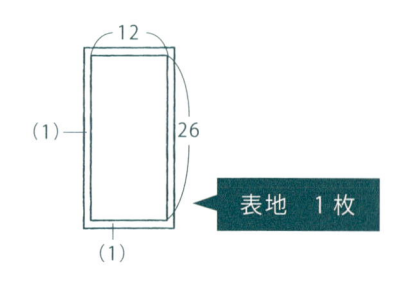

- 12
- (1)
- 26
- (1)

表地　1枚

※持ち出し：ウエストのあきを閉じるため、あきが重なるようになっている下側にくるパーツのこと。

※中わたの生地：綿（わた）に、布地が片面または両面に貼り合わされていて、生地として使えるもの。わたの厚さなど種類がある。

※わ：布を折ったときの折り山のこと。布を折って裁断することを「わでとる」という。
※数字の単位はすべてcmです。
※（ ）はぬいしろの寸法です。
※←→は生地の縦の方向を表しています。

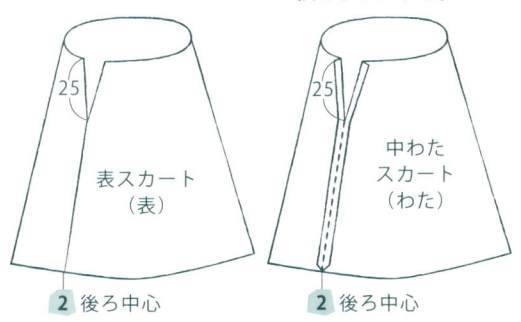

※中わたスカートは、わたのほうを表地と挟むようにする。

表スカート（表）
2 後ろ中心

中わたスカート（わた）
2 後ろ中心

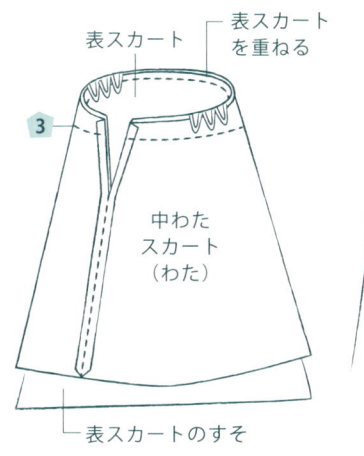

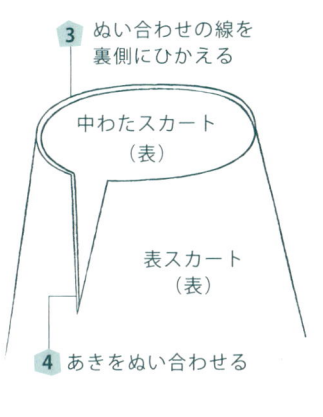

表スカート
表スカートを重ねる
3
中わたスカート（わた）
表スカートのすそ

3 ぬい合わせの線を裏側にひかえる
中わたスカート（表）
表スカート（表）
4 あきをぬい合わせる

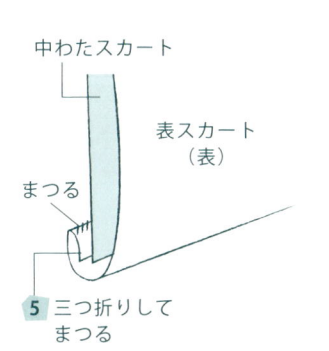

中わたスカート
表スカート（表）
まつる
5 三つ折りしてまつる

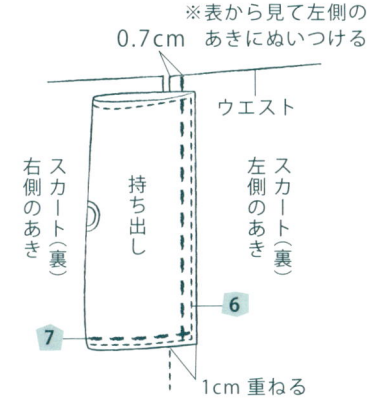

※表から見て左側のあきにぬいつける 0.7cm
ウエスト
スカート右側のあき
持ち出し
スカート左側のあき
6
7
1cm 重ねる

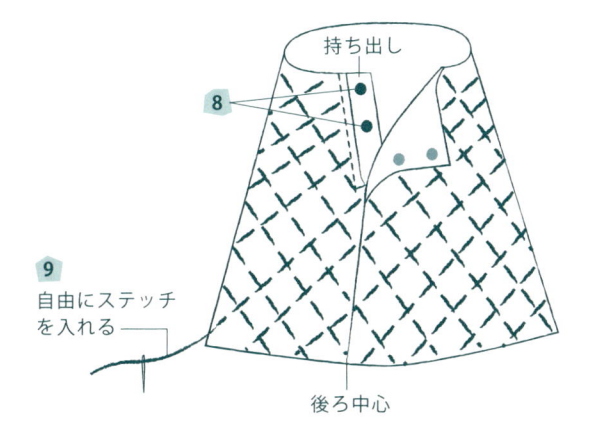

持ち出し
8
9 自由にステッチを入れる
後ろ中心

1. 寸法図のとおりに印をつけて、生地を裁断する。

2. 表スカート、中わたスカートの後ろ中心を、それぞれ半返しぬい（p32）でぬい合わせる。ウエストから25cmまでの位置はあき（※）にするためぬわないでおく。ぬいしろは割っておく。

3. ウエストを中表で重ねて、半返しぬい（p32）で一周ぬう。ウエストのカーブの強いところは、ぬいしろに切り込みを入れておく。表に返してから、ぬい合わせの線が表から見えないようにアイロンでひかえる（※）。

4. また裏に返して、表スカートと中わたスカートのあきを半返しぬい（p32）でぬい合わせる。表に返してから、ぬい合わせの線が表から見えないようにアイロンでひかえる（※）。

5. 表スカートのすそを1cm、1cmの順で三つ折りして、中わたスカートのすそを挟むようにする。マチ針で一周とめてから、まつりぬい（p33）する。

6. 持ち出しのぬいしろ1cmを二つ折りし、縦半分に折ってアイロンをかける。持ち出し一周を並ぬい（p32）でぬう。

7. スカートの表から見て左側のあきの裏に、持ち出しのぬい合わせの端を1cm重ね、0.7cmの並ぬい（p32）でぬいとめる。持ち出しの下端も中わたスカートにぬいとめる（表から見えないようにする）。

8. 持ち出しと、持ち出しが重なるあきの裏側にスナップボタン2ヵ所をぬいつける。

9. スカートの表から、好きにステッチ（＝ぬい目）を入れて、キルティング生地にして。完成。本書では、太めの糸を使って、5cm間隔で左右から斜めの線を入れています。

※あき：スカートをはくために必要なウエストのひらき部分のこと。
※ひかえる：表地と裏地のぬい合わせの線を1mm～2mmほど裏側にすること。

75

用語集

この本で出てきた洋裁に関する用語です。

あ

合い印：あいじるし
ぬい合わせる生地につけ、ずれないように合わせる印のこと。

あき
スカートをはくために必要なウエストのひらき部分のこと。

あき止まり：あきどまり
ファスナーをぬいつけるためなど、ウエストにあけてあるひらき部分の終わりの位置のこと。

か

かがる
布端がほつれてこないよう、細かくぬってほつれを防ぐこと。

柄合わせ：がらあわせ
パーツ同士の柄や模様がつながるように、生地の配置を考えてから裁断すること。

ゴム通し口：ごむとおしぐち
輪にした部分の一部をぬわずにあけておいた、ゴムを通すための数センチのあきの部分のこと。ひも通し口も同じ。

さ

裁断
裁ちバサミで生地を切ること。

仕上がり線：しあがりせん
ぬい終わったときの、できあがりの寸法の線のこと。出来上がり線とも言う。

しつけ
本ぬいの前にする仮ぬいのこと。大きめにしつけぬいをして、生地がずれるのを防ぐ。

地の目：じのめ
生地の耳に対して、縦横に織られている布目の方向のこと。

ステッチ
ぬい目のこと。この本ではデザインとして、表に見せる飾りのぬい目を指す。

接着芯：せっちゃくしん
接着面がついている芯地のことで、生地に貼ることで、張りを出す、伸び止めをする、ほつれの補強、などの役割がある。

外表：そとおもて
仕上がりで裏になる布同士を合わせ、表が外側を向いている。→中表

た

裁ち切り：たちきり
生地を裁断し、ぬいしろをつけずにそのまま作ること。

タック
布のあまりを折りたたんでいる部分のこと。

な

中表：なかおもて
仕上がりで表になる布同士を合わせること。裏が外側を向いている。→外表

中わたの生地：なかわたのきじ
綿（わた）に、布地が片面または両面に貼り合わされていて、生地として使えるもの。わたの厚さなど種類がある。

ぬいしろ
仕上がり線に合わせて寸法をとり、裁断した余分な布。ぬい合わせるために必要な部分。

布端：ぬのはし
使う布の、端の部分のこと。布によって、織り糸がほつれてくるもの、こないものがある。

は

バイアステープ
すそやウエストの布端をくるんで縁取りをするテープ状の布のこと。布端のほつれも防ぐ。

端打ちテープ：はしうちてーぷ
テープの上端に、細いテープがぬいつけられている、より強力な伸び止めテープのこと。

ひかえる
表地と裏地のぬい合わせの線を1～2mmほど裏側にすること。

ひも通し口：ひもとおしぐち
輪にした部分の一部をぬわずにあけておいた、ひもを通すための数センチのあきの部分のこと。ゴム通し口も同じ。

プリーツ
デザインや洋服を立体的に見せるため、均等に折りたたんだ生地のこと。

ペチコート
スカートの下に着るアンダースカートのこと。透け防止のためや、生地の滑りを良くしてはき心地を向上させる。

ま

見返し：みかえし
ぬい合わせることで、布端をきれいに隠す裏側のパーツのこと。

身頃：みごろ
ぬい合わせるパーツの、体をおおう部分のこと。スカートでは、体の前にくる身頃を前身頃、後ろにくる身頃を後ろ身頃という。

耳：みみ
生地の布端の部分のことで、織りが違っている部分。糸端がほつれてこないよう処理されていることもある。

務歯：むし
ファスナーがかみ合う金具の部分。＝エレメント

持ち出し：もちだし
ウエストのあきを閉じるため、あきが重なるようになっている下側にくるパーツのこと。

や

ヨーク
切り替えや装飾のために用いるパーツのことで、スカートではウエストから腰骨の位置に作ることが多い。

ら

ループ返し：るーぷがえし
細長いひもやリボンを表に返すための道具。

わ

わ
布を折ったときの折り山のこと。布を折って裁断することを「わでとる」という。

脇：わき
スカートの左右の部分のこと。身頃をぬい合わせるときに「脇をぬい合わせる」などという。

生地提供

オカダヤ新宿本店

東京都新宿区新宿 3-23-17　TEL：03-3352-5411
オカダヤ新宿本店
http://www.okadaya.co.jp/shinjuku/
オカダヤオンラインショップ
http://www.okadaya-shop.jp/1/
生地使用作品：表紙（水色）、p05、p10（チェック）、p11、p13（水色）、
p14、p16、p18、p19、p20、p24、p25、p26

コロニアルチェック白店

東京都港区白金台 5-3-6 2F　TEL：03-3449-4568
http://www.colonialcheck.com
生地使用作品：表紙（ストライプ）、p06、p13（ストライプ）、p15、p22（ストライプ）

リネンバード二子玉川

東京都世田谷区玉川 3-12-11 TEL：03-5797-5517
http://www.linenbird.com
生地使用作品：p10（緑）p22（黄）

cocca

東京都渋谷区恵比寿西 1-31-13 TEL：03-3463-7681
www.cocca.ne.jp/
生地使用作品：裏表紙、p9

※掲載商品は販売終了となる場合がございます。

衣装協力

表紙　　リブニットTシャツ（AURALEE）
p05　　ニット（STUDIO NICHOLSON）、ブレスレット、ネックレス（CERASUS）、靴（REGAL）
p06　　ストール（Vlas Blomme）、ブレスレット、ネックレス（CERASUS）
p10　　ノースリーブニット（STUDIO NICHOLSON）
p11　　靴（REGAL）
p12　　リブニットTシャツ（AURALEE）
p14　　カットソー（FilMelange）、シャツ（STUDIO NICHOLSON）、靴（REGAL）
p15　　リネンガーゼジャケット（ao）、ポロシャツ、パンツ（FilMelange）、メガネ（BuddyOptical）、
　　　　ソックス（ENensorcivet）、靴（REGAL）
p16　　ニット（STUDIO NICHOLSON）、ブレスレット、ネックレス（CERASUS）、靴（REGAL）
p18　　レースニット（REKISAMI）、靴（suzuki takayuki）
p19　　ブラウス（polka dot soielle）、ブラウス下のタンクトップ（Vlas Blomme）、ソックス（FilMelange）
p20　　ブラウス、中に着たノースリーブトップス（polka dot soielle）、靴（suzuki takayuki）
p24　　シャツ（ENensorcivet）、ベルト（suzuki takayuki）、靴（REGAL）
p25　　靴（REGAL）
p26　　ギンガムチェックトップス（STUDIO NICHOLSON）、ピアス（CERASUS）

SHOP LIST

ao（ao daikanyama）　TEL：03-3461-2468
Vlas Blomme（Vlas Blomme 目黒店）　TEL：03-5724-3719
ENensorcivet（株式会社 インコントロ）　TEL：03-5411-6526
CERASUS（Vlas Blomme 目黒店）　TEL：03-5724-3719
AURALEE（CLIP CLOP）　TEL：03-5793-8588
suzuki takayuki　TEL：03-5774-0731
STUDIO NICHOLSON（CHI-RHO inc.）TEL：03-3710-9696
BuddyOptical（alpha PR）　TEL：03-5413-3546
FilMelange　TEL：03-6447-1107
polka dot soielle（Soielle）　TEL：045-242-0085
REKISAMI　TEL：03-3373-7493
REGAL（株式会社リーガルコーポレーション婦人靴お客様窓口相談窓口）　TEL：047-304-7265　　www.regal.jp

※クレジットが掲載されていないアイテムは、スタイリストの私物です。

小物協力

AWABEES

遠藤リカ（Rika Endo）

大学卒業後、OLを経て、川村都人タイリストスクール入学、卒業。
大森伃佑子氏に師事し、4年半のアシスタント期間を経て、2007年に独立。
現在、ファッション誌、CM、CDジャケット、ブランドカタログなどで幅広く活動しており、
衣装デザインやテキスタイルデザインなども手がけている。
2015年1月には代官山COCCAにて、初の個展を開催。
http://www.endorika.com

STAFF

企画	株式会社産業編集センター
撮影	天野良子（TRON）／表紙、p01～p26、p50～p74
	柳田隆司／p28～p48
ヘアメイク	NORI
モデル	エモン久留美（eva management）
スタイリスト	遠藤リカ
パターン作成＆縫製	西佳代子
デザイン	木本啓子（miranda co.）／表紙、p01～p26
	小林沙織／p27～p80
編集	青木奈保子（ルーズ）

手ぬいで作る可愛い大人のスカート

2015年7月20日　第一刷発行

発行　株式会社産業編集センター
　　　〒112-0011 東京都文京区千石4-39-17
印刷・製本　株式会社シナノパブリッシングプレス

©2015 Sangyo Henshu Center Co.,LTD.Printed in Japan
ISBN978-4-86311-118-9 C5077

本書掲載の情報は2015年6月現在のものです。
本書掲載の写真・文章・イラストを無断で転記することを禁じます。
乱丁・落丁本はお取り替えいたします。